生命体的企業とは何か
生命のシステムに学ぶ
成長し続ける企業の創り方
松岡 孝敬
大学教育出版

はじめに ― 企業は生きている ―

「住する所なきを、まず花と知るべし」（世阿弥）
「大事なのは…まだ誰も見ていないものを見ることではなく、誰もが見ていることについて、誰も考えたことのないことを考えることだ。」（エルヴィン・シュレーディンガー）

企業は生き物です。

繁栄している企業、成長し続けている会社は、生命を宿しているかのように生き生きとしています。逆に衰退している企業は、生命の危機に瀕し、死を迎える生き物のような振る舞いを見せています。

では、生き物とは何でしょうか。生命体とはどのように定義されるのでしょうか。

この問いに明確に答えられる人は少ないでしょう。なぜなら、書籍、文献ではあまり触れられていないからです。

実は、生物、生命体を定義するのは難しく、教科書でさえも、その定義を記さず明らかにしていないものがほとんどです。

生物とは、生きているものそのもの、あるいは、生命を持つものと定義されます。この定義では、ピンとこないですよね。「生物とは、生命を持つものである」なんて、いわゆるトートロジー（同語反復）になっていて、説明になっていないように感じます。

生物とは、そうでない無生物との違いをみることから、特徴を見いだすことができます。

生物は、**細胞**でできています。

生物の最小単位は細胞です。私たち人間は、数十兆個の細胞でできている多細胞生物です。一方、自然界には、ゾウリムシやミドリムシのように、1つの細胞でできている生物が存在します。それらは単細胞生物と呼ばれます。

生物は、**遺伝子の本体**であるＤＮＡを持っており、それを**遺伝**によって子孫に継承します。

生物は、無生物と異なり、**自己増殖能力**があります。自らの力で自らとほぼ同じ個体、生命体、子孫を増やすことができます。無生物は、自らの力、自らの意思で同じ無生物をつくることはできません。

生物と無生物の境界があいまいなウイルスは、自らの力で増殖することはできません。ウイルスは、生物に寄生し、そこから物質を得なければ自己と同じものを増殖することはできないのです。

生物は、**エネルギー変換能力**をもっています。

植物は、太陽からの光エネルギーを吸収し、光合成によって有機物を合成し、光エネルギーを化学エネルギーに変換しています。私たちのような動物は、有機物を食べて体内に取り込み、それを分解することで化学エネルギーを得て、生きていく上で必要なエネルギーに変換しています。

生物は、**恒常性（ホメオスタシス）**を持っています。

生物は、体外の環境が変化しても、体内の環境・状況を一定の範囲に保つ、バランスをとるしくみが存在します。

そして、生物は**進化**します。

このような生物の特性を企業に当てはめてみましょう。

企業は、**社員**で構成されています。

社員が10万人以上の大企業もあれば社員が１人の企業も存在します。

企業には、**経営理念**、**社是**があります。

企業は、経営理念や社是、それらを包含した企業文化を現在の社員や将来の社員に受け継ぐ伝統があります。経営理念や社是を掲げていない企業もありますが、そのような企業にも、創業から脈々とつながる理念や企業文化があるはずです。

企業は、**自らの意思、力で成長し繁栄する**ことができます。

企業がいったん創業すれば、それを維持し、成長、繁栄に向かう宿命を背負わされます。企業とは社会や人々に貢献するために働く組織であり、そのような社会貢献、他者貢献するためには、常に商品やサービスを提供し、財を得なければならないからです。

企業は、**イノベーション能力**を持っています。

企業には、さまざまなものを組み合わせて新たな価値をもつ商品やサービスに変換する力を持っています。そのようにして、社会貢献や他者貢献をするための新たな価値を生み続けることができます。それができない企業は、エネルギー変換能力を持たない生命体のように、衰退、死滅していきます。

企業は、外部環境の変化に対する**環境適応力**を持っています。

外部環境の中から企業が成長し繁栄するチャンスをつかみ、企業の強みや中核能力を活用してそのチャンスを逃さずに成長することができます。一方で、外部環境の脅威に対しては、企業の持つ資源や潜在能力を活用し、脅威に適応して成長を維持することもできるのです。

そして、企業は、**進化する**ことができます。

企業は、長い時間にわたって蓄えた多様な資源を活用し、環境の変化に応じて適応するとともにに、従来の事業形態とは予想もしないような全く新しい事業形態に変わることが可能です。

このように考えると、生物の、生物として成り立つ特徴は、企業の持つ特徴と共通している部分が多いように感じます。

生物が生命を持ち、生命力を発揮して生き続けることは、自然の摂理です。寿命を全うして死を迎えるのも自然の摂理ですが、クマムシやプラナリアなどのように寿命がないかのごとく振舞う生物も存在します。このように捉えると、企業が成長し、繁栄し続けるには、生物が生き続けるような自然の摂理に何かヒントが隠されているように思えます。

本書は、自然の摂理である生物の特徴や生命現象に焦点を当て、生命体がもつ素晴らしいシステムを考察し、そこから知恵を借り、企業が持続的に成長繁栄する方法やしくみを類推します。

企業経営、とりわけ持続的に企業を成長させる経営を論じた本は数多く出版されています。その中には、生物のような組織こそが持続的に成長する組織、衰退しない組織と記述しているものもあります。

しかしながら、唱えている〝生物のような組織〟とは、組織の特徴の一部が、生物の持つ表面的な特徴と似ていると論じているものがほとんどで、生物のしくみや特性そのものを真正面から捉え、そこから持続的に成長する企業の在り方を論じているものはほとんどありません。

さらに、企業経営を論じたビジネス書の多くは、勝ち組企業や持続的に成長している企業の特徴、卓越した経営に関する取り組みを抽出し、そこから持続的に成長する企業経営論を帰納的に展開しています。

このような経営論は、とても参考になり、卓越した企業の取り組みを学ぶだけでも、企業経営に生かせると思います。しかし、持続的に成長する企業の普遍的で本質的な創り方を論じているかといえば、どこか違和感を抱かずにはいられません。

かつて世阿弥は、能楽を極める道を花にたとえ、『風姿花伝』を著しました。また、ノーベル物理学賞を受賞した理論物理学者、シュレーディンガーは、物理学的な視点から細胞を考察し、『生命とは何か』を著しました。いずれの書も、それぞれ後世の芸を極める人々、遺伝子の本体を探求する分子生物学者に影響を与えた名著です。

生命体に備わる生命現象のシステムは、40億年という気の遠くなるような時間をかけて洗練され醸成された巧みな機構です。生物を永続的に生命たらしめるメカニズムです。このような巧みなしくみを探れば、持続的に成長・繁栄する普遍的で本質的な組織創りの方法を見いだせるのではないかと思ったのが、本書を執筆するきっかけとなりました。

先人の名著には及びませんが、芸の道を花にたとえた『風姿花伝』のように、生命体にたとえて企業の在り方を著したい。または、物理学の視点で細胞を考察した『生命とは何か』のように、生物学の視点で企業を考察したい。その思いで本書を著しました。

本書は、健全な会社経営に励み、持続的に成長繁栄する企業を創りたいと願うすべての経営者と、自分の能力と資源を信じ、勇気を持って起業を目指し、今まさに持続的に成長する企業を創ろうとするすべての起業家に読んでいただきたいと思います。

そして、本書が、これらの人々の持続的に成長する企業創りに少しでも貢献できれば、著者として望外の幸せです。

生命体的企業とは何か

――生命のシステムに学ぶ成長し続ける企業の創り方――

目次

第1章

持続的に成長する企業とは生命力あふれる企業

「群れを飛び出しても生きていけるような人間が集団を作った時、その組織は強くなる。」（河上和雄、法学者）

「企業は生き物で、いつも変化しているので、経営者は常にそれを見守って組織の修正を早手回しにすべきだ。」（立石一真、オムロン創業者）

1　持続的に成長する企業と衰退する企業は何が違うか

持続的に成長する企業とは、どんな企業なのでしょうか。

よく言われるビジョナリーカンパニーとしての持続的に成長している企業のイメージとしては、「継続的に収益を上げている企業」「社員が生き生きとやりがいをもって仕事をしている企業」「常に市場に新たな価値を提供している企業」「環境の変化に適応して生き残る企業」このような表現が出てくると思います。

一方、停滞し、衰退している企業というと、それらとは逆の、「儲かっていない企業」「多くの社員が仕方なく働いている、離職率の高い企業」「新たな価値を創造しない企業」「環境の変化に対応できず、逆境に負けてしまう企業」といったイメージが現れるかと思います。

持続的に成長している企業のイメージは、生命力あふれる生物のイメージと重なるように感じます。と言うよりは、生命活動を普通に営む生物そのものの印象を受けます。

企業を生命体にたとえると、「継続的に収益を上げている企業」は、「自己増殖を普通に行える生物」に、「社員が生き生きとやりがいをもって仕事をしていて、離職率の低い企業」は、「構成する細胞ひとつひとつが健全に活動している生物」に、「常に市場に新たな価値を提供している企業」は、「代謝によって常にエネルギーを生み出している生物」に、「環境の変化に適応して生き残る企業」は、「恒常性によって環境が変化しても体内環境を一定に保つ生物」または、「進化して環境の変化に適応していく生物」と言い換えることができます。

持続的に成長する企業になるための条件があるとすれば、生物が生命活動を行える条件を考え、そこから導き出せるかもしれません。

2　生物が生命活動を行える条件とは何か

ここからは、企業から少し話をずらして、生物の話を書きます。

生命活動を普通に営む生物の特徴として、「自己増殖を普通に行える生物」「構成する細胞ひとつひとつが健全に活動している生物」「代謝によって常にエネルギーを変換し、エネルギーを生み出している生物」「恒常性によって環境が変化しても体内環境を一定に保つ生物」「進化して環境の変化に適応していく生物」を挙げました。

これらの特徴が現れるための条件を抽出したのち、生命力あふれる企業、すなわち、持続的に成長する企業の条件を導き出してみましょう。

(1)　自己増殖を普通に行える生物

生物の特性の１つは、自己増殖能力を持つことです。自己増殖とは、自らの力で自らの物質を使って、自らと同じ個体（子孫）か、ほぼ同じ個体を増やしていく生命活動です。

生物はすべて、自己増殖能力をもっており、生殖によって自分と同じ遺伝子をもつ個体を増やしています。これが通常の生物の活動です。生物が生物である以上、自己増殖は普通に行えるはずなのです。

①　遺伝子があるだけでは自己増殖できない。

自己増殖を普通に行えないとはどういうことなのでしょうか。生物か無生物かいまだにはっきりしないウイルスを取り上げて考えてみましょう。

ウイルスの中には、私たちに身近で健康を脅かすものがあります。冬にはインフルエンザにかからないように注意を払いますが、そのインフルエンザの原因は、インフルエンザウイルスが体内に侵入することにあります。

一見、生物のように振る舞っているウイルスが、実は生物か無生物かはっきりしないことを理解している人は少ないと思います。なぜ無生物か疑われているというと、ウイルスは、生物のもつ自己増殖能力がないからです。

ウイルスには、生物と同じように遺伝子を持っています。それはＤＮＡとして持っていたり、あるいはRNAとして持っていたりします。ウイルスには、遺伝子がありますが、ウイルスだけが自然界に存在していても、遺伝子が働くことはありません。ウイルスは、他の生物に寄生しなければ生きていくことができず、他の生物の細胞内の器官を借りなければ遺伝子が働いて増殖することができないのです。これが、ウイルスが無生物ではないかと考えられている最大の理由です。

では、ウイルスは、なぜ遺伝子を持っているのに他の生物に寄生しなければ増殖できないのでしょうか。それは、ウイルスには、遺伝子の情報通りにタンパク質を合成するために必要な細胞小器官がないからです。

生物が自分と同じ個体をつくるとき、自分の体をつくっている物質と同じものをつくらないといけません。生物の体の水以外の主成分にはタンパク質があり、タンパク質は、遺伝子の情報に基づいて合成されます。タンパク質以外の体を構成する成分がつくられる反応には、多くの場合、酵素が触媒としてかかわっています。その酵素も主にタンパク質でできています。

遺伝子の持つ情報に基づいてタンパク質が合成されるとき、次のようなプロセスで合成されます。まず、遺伝子の情報がメッセンジャーRNAに写し取られます（転写と呼びます）。メッセンジャーRNAは、リボソームと呼ばれる細胞小器官と結合し、そこで、転写された遺伝情報に基づいてトランスファーRNAに運ばれたアミノ酸が並び、アミノ酸の鎖ができます（この過程を翻訳と呼びます）。タンパク質はアミノ酸が多数つながってできた物質ですので、このようにして、遺伝子の情報に基づいたタンパク質が合成されるのです。

ウイルスには、遺伝子はありますが、リボソームが存在しないため、自力でタンパク質を合成することができず、寄生した生物の細胞に存在するリボソームの力を借りて、自分の遺伝子の情報に基づいた自分と同じ物質をつくるのです。

②　遺伝子は経営理念、核は経営者、リボソームは社員やサポーター

生物が生命力をもつ存在であるには、遺伝子の存在が欠かせません。しかし、それだけでは生物の条件を満たさず、遺伝子が正常に働かなければ生命力をもつ生物とはいえないのです。無生物に近いウイルスになってしまいます。ですから、遺伝子の正常な働きを支えるリボソームのような存在が必要になっています。

企業での遺伝子の存在とは、経営理念になります。遺伝子が存在しなければ生物ではないように、経営理念がなければ企業とはいえない組織になります。

生物体内で遺伝子はＤＮＡの塩基配列として存在しています。ＤＮＡはタンパク質と結合して細胞内の核に染色体の形をとって保管されています。つまり、遺伝子は核によって保護されています。企業での核は、経営者に相当します。核によって遺伝子が守られ、核の働きによって遺伝子が発現するように、企業内で経営者が経営理念を守り、発展させ、経営理念に基づいた経営活

動を率先垂範しなければ、企業は成長しないように思います。

遺伝子があるだけでは、生物の条件に満たされないように、企業は、経営者や経営理念があるだけでは、企業としての体を成し得ないと考えられます。遺伝子が正常に働くようにサポートするリボソームの存在が生物には欠かせないように、経営者や経営理念に賛同し、共感して働く社員、協力する支援者、サポーターが必要なのです。

したがって、生物が生命活動を行える条件から、「継続的に収益を上げている企業」とは、**「経営者と経営理念が普通に機能している企業」「経営者が経営理念を尊重している企業」「経営理念に賛同し共感する社員とサポーターが支えて働く企業」**と捉えることができます。

⑵　構成する細胞ひとつひとつが健全に活動している生物

生物の最小単位は細胞です。私たちヒトのような多細胞生物もミドリムシのような単細胞生物も、生物はすべて細胞で構成されています。単細胞生物の場合、細胞が体そのものですので、細胞が健全に活動しなければ生きていくことはできません。多細胞生物の場合も、構成する細胞ひとつひとつが、その細胞に科せられた機能を健全に果たせなければ、生命の危機にさらされ、場合によっては死を招くこともありえます。

細胞ひとつひとつが健全に活動している生物が、生命力あふれる生物、生命活動を普通に行っている生物とすれば、どのような条件が備われば、そのような生物になりえるのでしょうか。細胞が健全に活動していない状態に注目し、その条件を探ってみましょう。

①　がん細胞は健全な活動をしていない細胞

健全な（正常な）活動をしていない細胞の代表例として、**がん細胞**があります。

多細胞生物の正常な細胞は、環境に応じて、増えたり分裂を停止したりします。それに対して、がん細胞は、環境に関わりなく、体の命令を無視して増殖し続けます。がん細胞が増え続けてかたまりとなったものが原因となってがんという病気が起こります。

がん細胞は、もとは正常な細胞ががん化して発生するのです。では、正常な細胞は、どのようにして不健全ながん細胞に変わるのでしょうか。

正常な細胞ががん化する主な原因には、有害な紫外線や放射線などを含めた何らかの内外環境の要因によって、遺伝子に複数の傷がつくことです。傷がつく遺伝子には、細胞の分裂・増殖を促進する遺伝子（細胞増殖のアクセルの役割をする遺伝子）や、細胞の増殖を停止させる遺伝子（細胞増殖のブレーキの役割をする遺伝子）があります。そのような遺伝子に傷がつくと、どのような状況でも細胞の増殖が止まらなくなり、周囲の細胞や組織を損傷するような悪い影響を与えることになります。

正常な細胞のがん化の原因には、ＤＮＡの遺伝情報自体は変化しなくても、遺伝情報の働きを抑制する化学的部位に変化が起こって、遺伝子が暴走しやすい状況に変わる場合もあります。

② 正常な細胞が死ぬということ ―ネクローシス―

正常な細胞のがん化は、体内で起こる細胞の不健全化ですが、それ以外にも、外からの要因で起こる細胞の不健全化、細胞の死が起こります。外からの病原体に細胞が感染したり、けがや火傷などを負ったり、血流が悪くて細胞に栄養が届かなくなったりすると、細胞は損傷を受け、その状態が続くと壊死します。

壊死した細胞の痕跡のことをネクローシスと呼びます。血管が閉塞して血流が不足し、細胞に酸素や栄養が十分に送られなくなって細胞が壊死した状態を梗塞といいます。三大疾病として恐れられている脳梗塞や心筋梗塞も梗塞の一種で、脳の神経細胞や心臓の心筋細胞の一部が壊死したネクローシスです。

このように、外部からの物理的化学的破壊や血流不足などが原因となり、正常な細胞が不健全な状態、やがては死を迎えることもあります。

③ 社員に経営理念を健全に浸透させ、社員を健康に保つ企業

細胞ががん化するしくみや細胞が壊死するしくみから、「構成する細胞ひとつひとつが健全に活動する生物」とは、細胞ががん化しにくい生物、または、細胞が壊死しにくい生物ではないかと考えられます。

多細胞生物を構成する細胞ひとつひとつは、企業でいえば社員ひとりひとりになります。正常な細胞ががん化することは、企業でいえば、社員が経営理念や経営者の命令に従わず暴走したり、あるいは悪意をもって経営理念を独自に解釈して行動したりすることに相当します。また、細胞が損傷を受けてやがて壊死することは、企業活動内の不慮の事故で社員が負傷したり、あるいは過度なストレスにさらされ、社員の心身の健康が損なわれたりすることに相当します。そのような社員を少なくしたり、そのような環境で社員を働かせたりしない企業こそが、「構成する細胞ひとつひとつが健全に活動する生物」から類推される、「社員が生き生きとやりがいをもって仕事をしていて、離職率の低い企業」ではないかと考えられます。

したがって、生物が通常の生命現象を行う条件から、「社員が生き生きとやりがいをもって仕事をしていて、離職率の低い企業」は、**「社員に経営理念を浸透させている企業」「社員の健康を保つ職場創りをした企業」**と捉えることができます。

(3)　代謝によって常にエネルギーを変換し、エネルギーを生み出している生物

生物の特性の１つに、エネルギー変換能力があります。生物が生命力あふれる存在であり続けるには、代謝によってエネルギーを吸収し、それを放出して生命活動に生かさなければなりません。

① 地球生態系のエネルギー源はすべて太陽の光エネルギーに行き着く

私たちヒトを含めた地球生態系を構成する生物はすべて、太陽からの光エネルギーの恩恵を受けています。植物や藻類、光合成細菌などの生物は、太陽からの光エネルギーを吸収し、無機物から有機物を合成します。この反応は光合成と呼ばれています。光合成は、光エネルギーを有機物という化学エネルギーに変換する反応であり、エネルギーを吸収する反応です。この有機物として蓄えられた化学エネルギーは、その生物自体のさまざまな生命活動に使われたり、あるいはその生物を摂取する動物の生命活動に活用されたりします。

私たちヒトを含めた動物は、直接植物を摂取したり、植物を摂取した動物を食物として摂取したりして栄養分を得ますので、結果として光合成によってつくられた有機物の恩恵を受けているのです。

動物はどのようにエネルギーを吸収しているのでしょうか。動物は、植物や他の動物などを食物として体内に摂取します。摂取した食物（有機物）には化学エネルギーが含まれており、それらは体内で消化・分解作用により、小さな有機物に分解されます。それらの小さな有機物を材料にして、タンパク質や炭水化物、脂肪などの大きな有機物を合成し、体を構成する物質として活用します。つまり、摂取した食物を分解し、別の有機物に再合成することで化学エネルギーを吸収しているのです。

②　ミトコンドリアによってエネルギーを放出

エネルギー吸収反応によって合成された有機物は、体を構成する物質として使われるとともに、エネルギー放出反応に使われます。

エネルギー放出反応の代表的なものは、呼吸です。細胞内では、呼吸はミトコンドリアで行われています。ミトコンドリアで、有機物は複数の反応段階を経て無機物まで分解されます。その過程で、エネルギーが放出されます。放出されたエネルギーは、体を構成する物質を合成するのに使われたり、それ以外のさまざまな生命活動に使われたりします。

細菌のような原核生物（核をもたない生物）は、ミトコンドリアを持っていませんが、細胞膜がミトコンドリアの膜と同じような機能を果たし、そこでエネルギー放出反応が起こっています。

③　資源のインプット⇓価値の創造⇓価値のアウトプットが円滑に進む企業

代謝によって常にエネルギーを変換し、エネルギーを放出することは、生物が生命力あふれる存在として、生命をもつものとして成り立つ上で必要な活動です。植物が光エネルギーを吸収できず、光合成ができなければ枯れてしまいます。動物が食物を摂取できなければ死んでしまいます。また、エネルギーを吸収できても、それを別のエネルギーに変換し、放出することができなければ、生物は死を迎えます。

企業を生命体として捉えるならば、生物がエネルギーを吸収する反応は、企業に必要な資源

（ヒト、モノ、カネ、時間、情報）をインプットする活動にたとえることができます。吸収したエネルギーを別のエネルギーに変換する反応は、手に入れた資源をもとに有益な価値を創造する活動と捉えることができます。さらに、エネルギーを放出する反応は、創造した有益な価値を市場にアウトプットする活動にたとえられます。

したがって、「常に市場に新たな価値を提供している企業」とは、**「常に必要な資源をインプットする企業」「資源をもとに常に有益な価値を創造する企業」「常に有益な価値を市場にアウトプットする企業」**と捉えることができます。

(4) 恒常性によって環境が変化しても体内環境を一定に保つ生物

生物は、体内の環境を一定に保つ**恒常性（ホメオスタシス）**という性質を持っています。それは私たちのような多細胞生物もミドリムシのような単細胞生物も持っている性質です。

体内の環境とは、体温や血圧、血液中のグルコース（血糖）などの物質の濃度、水素イオン濃度、浸透圧などです。それらがほぼ一定の数値に保たれるように働くしくみや性質が恒常性になります。

恒常性は、外部から侵入した病原体などの異物を排除する免疫機構にも働きます。免疫の機能が弱いと、外部からの病原体を排除できず、病気にかかりやすくなります。逆に免疫の機能が強いと、外部からの異物だけでなく、自分の体内の物質にまで免疫の対象として排除するため、自己免疫疾患の症状が現れます。免疫機構においての恒常性とは、このような機能の強さ弱さのバランスをとって健康を保持することになります。

①　恒常性が失われるときは生命の危機

恒常性を失った生物は、死を迎えます。

ゾウリムシのような単細胞生物の体内環境とは、細胞内の濃度や浸透圧になりますが、細胞内濃度よりも低濃度の外液に浸された場合、体内に細胞膜を通って水が浸入するので、収縮胞と呼ばれるような細胞小器官が働いて浸入した水を体外に排出し、体内の濃度を一定に保とうと恒常性が働きます。このとき恒常性が働かなければ、ゾウリムシの体内に浸入する水は体外に排出されずに残り、ゾウリムシは破裂して死んでしまいます。

私たちヒトを例に恒常性が失われた場合を考えてみましょう。ヒトの体内環境の恒常性には、主に交感神経や副交感神経などの自律神経系や、内分泌系から分泌されるホルモンが働いています。私たちは、気温が高くなると、交感神経の働きで汗を多くかいたり、副交感神経が働いて心臓の拍動が抑えられたり肝臓の代謝が抑えられたりして体温が急激に上がるのを防いでいます。また、気温が著しく低くなると、交感神経の働きで皮膚の血管が収縮したり、チロキシンや糖質コルチコイドなどのホルモンの働きで筋肉や肝臓の代謝が活発になったりして、体温が急激に下がるのを防いでいます。

もし恒常性が失われると、気温が高くなったら体温もそれに合わせて上がり続け、熱中症どころか高体温によるさまざまな障害が起こります。気温が低くなったら低体温症になり、死に至る場合もあります。

免疫においての恒常性が失われると、病原性のウイルスなどが侵入しても排除されなくなり、病気にかかりやすくなります。また、自分の体内の物質を免疫の対象と勘違いして自己免疫性の病気が発症します。

② 感情と認知を一定に保つ雰囲気と自律性を保証するしくみ

企業にとって生物の体内環境に相当するものは、資源（ヒト、モノ、カネなど）や企業内にあるさまざまな有形物がありますが、それ以外にも、社員の心、マインドセットも体内環境に当てはまると考えられます。私は、企業内の社員の感情や認知（思考、捉え方）が、恒常性が必要とされる生物の体内環境に適合すると考えています。

ヒトの恒常性は、自律神経系や内分泌系によって支えられています。自律神経系の機能は、間脳の視床下部によってコントロールされていますが、意思とは関係なく働いています。機能の自律性がみられるのです。企業内において、生物の恒常性にみられるような社員の自律性が保証されているかどうかが、企業内の社員のマインドセットを健全に保つ恒常性が働くかどうかを決める鍵となると考えています。

したがって、「恒常性によって環境が変化しても体内環境を一定に保つ生物」を「環境の変化に適応して生き残る企業」と類推するとしたら、そのような企業とは、**「社員の感情や思考を一定に保つ雰囲気をもつ企業」「社員の自律性が保証される企業」**と捉えることができます。

(5) 進化して環境の変化に適応していく生物

生物が生命力あふれる存在になりうる特徴の1つに**進化**があります。生物は常に進化しています。

進化という言葉は、普段、人間や組織などが成長したときによく使われているようです。「○○さんは、以前と比べて格段に進化した」とか、「あのチームはさらに進化しなければならない」とか。ただし、この「進化」の使い方は、生物学的には「進化」ではありません。単なる「変化」をさらに強調した意味として使われているように感じます。

① 進化は常に起こっている

生物は常に進化しているというと、実感がわかないかもしれません。私たちヒトは進化して別の種が生まれているのかと問われると、わかりませんと答えるしかないでしょう。ただし、生物学的な進化の定義からすれば、私たちも進化の真っ最中で、常に進化しているとも言えると思います。

進化とは、「外部環境に適応して生存に有利な形質をもつものが生き残る現象」というイメージを持たれる方が多いかもしれません。確かにそれも進化の一面で、適応進化という現象になります。ただし、適応進化は、進化の現象が目に見える形でたまたま表面に現れたに過ぎないと思います。

狭い意味での進化とは、生物集団内の遺伝子頻度が変化することを指します。集団内の遺伝子頻度は常に変化しています。つまり、私たちは常に進化の渦中にあるのです。

② 多様性を大事にして活用する企業

遺伝子を経営理念、社員を細胞と捉えれば、ひとりひとりの社員は経営理念を持っていることになります。経営が進化して環境に適応していくには、社員ひとりひとりの経営理念に対する捉え方、価値観、あるいは経営理念に限らない社員の考え方、アイデアを尊重し、認め合う環境が必要になります。つまり、社員の（価値観、考え方の）多様性を大事にし、いざというときに多様なアイデアから環境に適応したものを見いだし、育んでいく企業風土の存在する企業が、進化して環境に適応していくと考えられます。

したがって、「進化して環境の変化に適応していく生物」を「環境の変化に適応して生き残る企業」と考えれば、それは、**「社員の多様性を大事にして活用する企業」**と捉えることができます。

第2章

経営理念の創り方と活かし方

―DNAの構造と機能から考える―

「十分な時間を与えれば、遺伝の本質（それは時に複製ミスを起こす）の無作為ならざる生き残りが、設計の複雑さや多様さ、美や幻想を生み出す。それらは非常に説得力があるために、知性あるものの意図的な設計とほとんど見分けがつかない。」（リチャード・ドーキンス、進化生物学者）

「道徳なき経済は罪悪であり　経済なき道徳は寝言である」（二宮尊徳）

1　経営理念はDNA

生物の持つDNAには、その生物の持つすべての遺伝情報が含まれており、遺伝子の本体として働きます。その生物の持つ全遺伝情報を**ゲノム**と呼びます。

ゲノムの持つ遺伝情報に基づいて、生命現象は起こり、生物は生命として存在しています。ゲノムDNAは、いわば〝**生物の設計図**〟の役割を果たしているのです。

企業を生命体として捉えると、ゲノムDNAと同じ役割を果たしているものは、企業の経営理念と私は考えています。

持続的に成長している多くの企業には、社員やお客様、取引先、株主などの投資家、いわゆるステークホルダーが共感し、気持ちを動かす経営理念が掲げてあります。一方で、経営理念があっても軽視する企業、なかには経営理念や社是を掲げていない企業もあります。

経営理念を軽視する理由としては、「経営理念で稼げるわけではない」とか、「社是なんて朝礼で唱和させて忠誠心を植え付けるだけのもの。だから本腰入れて浸透させなくてよい」と言ったものが挙げられると思います。なかには、「お客様は、経営理念や社是を見てうちの商品は買わない」といった反論をされる方もいらっしゃいます。

そのような理由は、一見、合理的なようにも思えますが、ほとんどが経営理念とそれを掲げる意義を誤解されていると考えられます。

経営理念とは、「経営活動を行う企業や組織は何のために存在するのか、どのような目的でどのような形で経営活動を行うか」を明文化したものです。その中には、企業の基本的な経営姿勢だけでなく、企業と社員、顧客、社会とのかかわり方についても言及しているものもあります。したがって、企業の経営理念とは、企業や組織の存在意義や使命、基本的価値観を経営者自らだけでなく、ともに経営活動を担う企業や組織の社員、顧客、ステークホルダーに表明するものになります。

「経営理念で稼げるわけではない」といった考えは、そもそもおかしな理屈だということが理解できると思います。経営理念は、まさに「経営する」（お金を稼ぐ）目的とどのようにお金を稼ぐかの方法を明文化したものであり、企業はその経営理念に基づいて経営活動を行っているのです。ですから、「経営理念で稼げるわけではない」ではなく、実は**「経営理念で企業は稼いでいる」**のです。

経営理念や社是を掲げず、明文化していない企業は、経営者の心の中に内在する経営姿勢が経営理念となります。それは暗黙の中で企業に浸透し、企業風土、企業文化として外に表れています。

要するに、経営理念をとても大事にしている企業も、経営理念を明文化していない企業も、経営理念を軽視したり嫌ったりしている企業も、経営理念があってこそ経営活動をしていることになります。まさに経営理念は、企業を目的のために動かす指針、航路、設計図の役割を果たしているのです。生物の設計図であるゲノムＤＮＡが、企業の経営理念に当てはまるという考え方がこれでおわかりになると思います。

2　経営理念の在り方―ＤＮＡはとてもシンプルな構造をしている―

生命の設計図であるＤＮＡはどのような構造をしているのでしょうか。

(1)　ＤＮＡの構造―生命の設計図の本体―

ＤＮＡ（デオキシリボ核酸）は、高分子化合物である核酸の一種で、ただの物質です。

ＤＮＡは、１つの塩基とデオキシリボースと呼ばれる１つの糖と１つのリン酸が結合したヌクレオチドが構成単位となっています。このヌクレオチドが鎖状につらなってＤＮＡは構成されています。ただこれだけです。ヌクレオチドの繰り返しの結合という、**とてもシンプルなつくりがＤＮＡの構造**なのです。

ＤＮＡのヌクレオチドを構成する塩基には４種類があります。その４種類の塩基とは、アデニン（A）、グアニン（G）、シトシン（C）、チミン（T）です。単純に記号としてA、G、C、Tとだけ覚えておいてください。この4種類の塩基の配列が遺伝情報となります。いわば生命の設計図になるのです。

DNAに含まれる遺伝子とは、特定のタンパク質をつくる暗号です。タンパク質は、20種類のアミノ酸が多様に組み合わさってできています。そのタンパク質のアミノ酸配列を決める情報を持つものが遺伝子です。たとえば、アミラーゼ遺伝子は、唾液に含まれるアミラーゼという酵素タンパク質を構成するアミノ酸配列の遺伝情報を持っている遺伝子になります。

つまり、私たちを含め、生物の体をつくるタンパク質をつくる設計図は、たった4種類の塩基の配列の順序だということなのです。とてつもなくシンプルなしくみがとてつもなく複雑で多種多様な生命現象を決定づけているということになります。

なんだか不思議ですよね。誰がこんなシステムをつくったんだろうって。私の個人的な感想ですが、自然の摂理で偶然できたとは思えない、何か自然の力〝神の見えざる手〟が介在したように思えてしまいます。

私たちのゲノムDNAは、二重らせん構造をしています。ヌクレオチドが多数連なった鎖1本ずつが結合して2本鎖になり、それがらせん状になった構造が二重らせん構造です。

1本のヌクレオチド鎖は、塩基どうしが水素結合と呼ばれる弱い化学結合によって結ばれ、2

本鎖になっています。この塩基どうしの結合には法則性があります。AはTと結合し合い、GはCと結合し合います。AとGの結合、TとGとの結合といった状態はありえません。A‐Tとの結合、G‐Cとの結合しかないのです。これを塩基の相補性といいます。

塩基の相補性によって、DNAの二重らせんの一方のヌクレオチドの塩基配列がわかれば、もう一方の塩基配列が決まってきます。分子生物学では、当たり前の規則性なのですが、この巧みなしくみ、規則性も、自然の摂理の素晴らしさというか、神秘性を感じます。

塩基どうしを結合している水素結合は、化学的に弱い結合です。DNAの遺伝情報を守るという意味を考えれば、弱い結合でつながらない方がよいのではと思われますが、この弱い結合は、遺伝情報を正確に複製するのに都合がよいのです。遺伝情報の複製については、以降の章で詳しく説明しますが、DNAの複製が進行するには、塩基どうしが離れやすい構造になっている方が都合がよく、固く結合していたのでは、複製が円滑に進まないのです。

塩基どうしが弱い水素結合でつながっていることからわかるように、DNAは、かなり構造的に脆弱な特徴があります。それもあって、かなりの確率で損傷を受けます。1日に1つの細胞当たり50万回壊れていると言われています。第1章で触れました細胞のがん化の原因の1つも、DNAが壊れて起こることが知られています。

このように生命の設計図であるDNAは、けっこう壊れやすい構造をしているのです。ですが、壊れた部分を直ぐに修復する、DNA修復というしくみも備わっています。

(2) DNAの特徴から類推する企業の経営理念とは

生命の設計図であるDNAの構造はシンプルで、DNAにある複雑で多量の遺伝情報は4種類の塩基の並びで表されているというとてもわかりやすい単純な特徴があります。また、DNAは壊れやすい構造をしながらも丈夫で修復のしくみも備わっています。

「シンプルでわかりやすく、柔らかだが丈夫」。これが生物がもつ遺伝子の本体―DNAの特徴です。

私は、企業においてのDNAの役割を果たす経営理念も、DNAと同じような特徴をもつべきではないかと考えています。つまり、企業の経営理念とは、**「シンプルで、社員や顧客、その他のステークホルダーにわかりやすく共感を覚えるもので、柔軟に解釈できるけれども基軸は強固なもの」**であるべきではないかと考えるのです。

３　経営理念の創り方－ゲノムＤＮＡは冗長だけど無駄がない－

ＤＮＡに含まれる遺伝情報とは、Ａ、Ｔ、Ｇ、Ｃという4種類の塩基の配列順序です。とてもシンプルですが、その塩基配列は、どのくらいの量があるのでしょうか。

(1)　ゲノムＤＮＡの大きさ

ゲノムＤＮＡの塩基量（ゲノムサイズ）は、生物によって異なっています。ゲノムサイズは、ＤＮＡの二重らせんを構成する塩基対（Ａと相補的に結合するＴとのペア、またはＣと相補的に結合するＧとのペア）の数で示されます。たとえば、原核細胞である大腸菌のゲノムサイズは４００万塩基対と比較的小さいですが、私たちヒトのゲノムＤＮＡの大きさは約30億塩基対あります。ただし、これは、生物の進化の程度が進んでいるからゲノムサイズが大きくなるとは限らないようです。なぜなら、マウスのゲノムサイズは33億塩基対とヒトよりも大きいですし、植物のコムギは１７０億塩基対とヒトの5倍以上のゲノムサイズを持っています。ユリ科の仲間には、1万３０００億塩基対もの巨大なゲノムを持つものもあるようです。

(2) ゲノムDNAの中の遺伝子はごく一部

生物のゲノムDNAのうち、遺伝子として働く塩基対の部分は一部で、多くの部分は、タンパク質合成の情報として読み取られない塩基対ばかりです。

ゲノムサイズがそうであるように、ゲノムDNAのうちの遺伝子として働く部分とそうでない部分の割合は、生物によって異なります。大腸菌のような原核生物のゲノムサイズは小さいですが、遺伝子として働く部分の割合は非常に高く、無駄のないゲノムを持っているといえます。一方、ヒトのゲノムDNAのうち、遺伝子として働く部分はわずか2％です。残りの98％は遺伝子として働かない部分、タンパク質合成の情報にはならない部分になります。マウスやコムギのようなゲノムDNAも、遺伝子として働く部分の割合は非常に少なく、大半は遺伝子として働かない部分になります。

(3) ゲノムDNAは無駄が多いように見えて実は無駄がない？

私たちヒトのゲノムは、98％が遺伝子として働かない部分です。どのような塩基配列がどのような割合で存在するか、その構成比は明らかになっていますが、それを説明すると、分子生物学的な小難しい話になりますし、書いている私も説明するのが嫌になるくらい専門的な解説になるので、ここでは割愛しましょう。

かつて、ゲノムDNAのうちの遺伝子として働かない部分は、ジャンクDNAと呼ばれていました。ガラクタDNA、無駄な領域という意味がこもっています。しかしながら、研究が進むにつれて、ジャンクDNAは、決してガラクタではないことがわかってきました。

ヒトのゲノムDNAのうちの遺伝子として働かない部分の大半は、遺伝子として働く部分の機能を調節することがわかってきています。ジャンクDNAではなく、遺伝子として働く部分を支える部分であったわけです。

(4) ゲノムDNAからみる経営理念の創り方とは

ゲノムDNAは、一見無駄が多いようで、実は無駄がない。機能すべき主たる部分が明確でそれ以外の部分は無駄なく主たる部分をサポートしている。

企業のゲノムDNAである経営理念も、主たる部分が明瞭で、一見無駄が多いように思えるものでも、企業を経営する上で必然的に必要なもの、主たる部分を支える理念が文章や行間に含まれているものであるべきではないかと私は考えています。

主となる部分がしっかり明文化され、かつその活かし方を補足する部分が文章や行間に巧みに込められている経営理念を創ることができれば、持続的に成長する企業の経営理念に相応しいものになると考えます。

4　経営理念を大事にする企業

持続的に成長する企業が備わる経営理念には、生物のゲノムＤＮＡに備わっている巧みな特徴から次のような特徴が導き出されました。

①　シンプルで、共感できる。

②　柔軟で芯はしっかりしている。

③　主となる部分が明確で、補足する部分が巧みに含まれている。

このような３つの特徴が備わった経営理念をもつ企業は、どのような企業があるのでしょうか。

⑴　経営理念のない会社は、生物か無生物かわからない状態

私は、仕事がら、いろいろな会社のウェブサイトを拝見し、経営理念やビジョンを読むことが多いです。大半の会社のサイトには、経営理念やビジョンを記載しています。なかには、サイトに経営理念やビジョンを記載していない企業もありますが、代表取締役のご挨拶などのページに、代表の言葉としてその会社の理念が述べられています。その企業はまだよい方で、代表の言

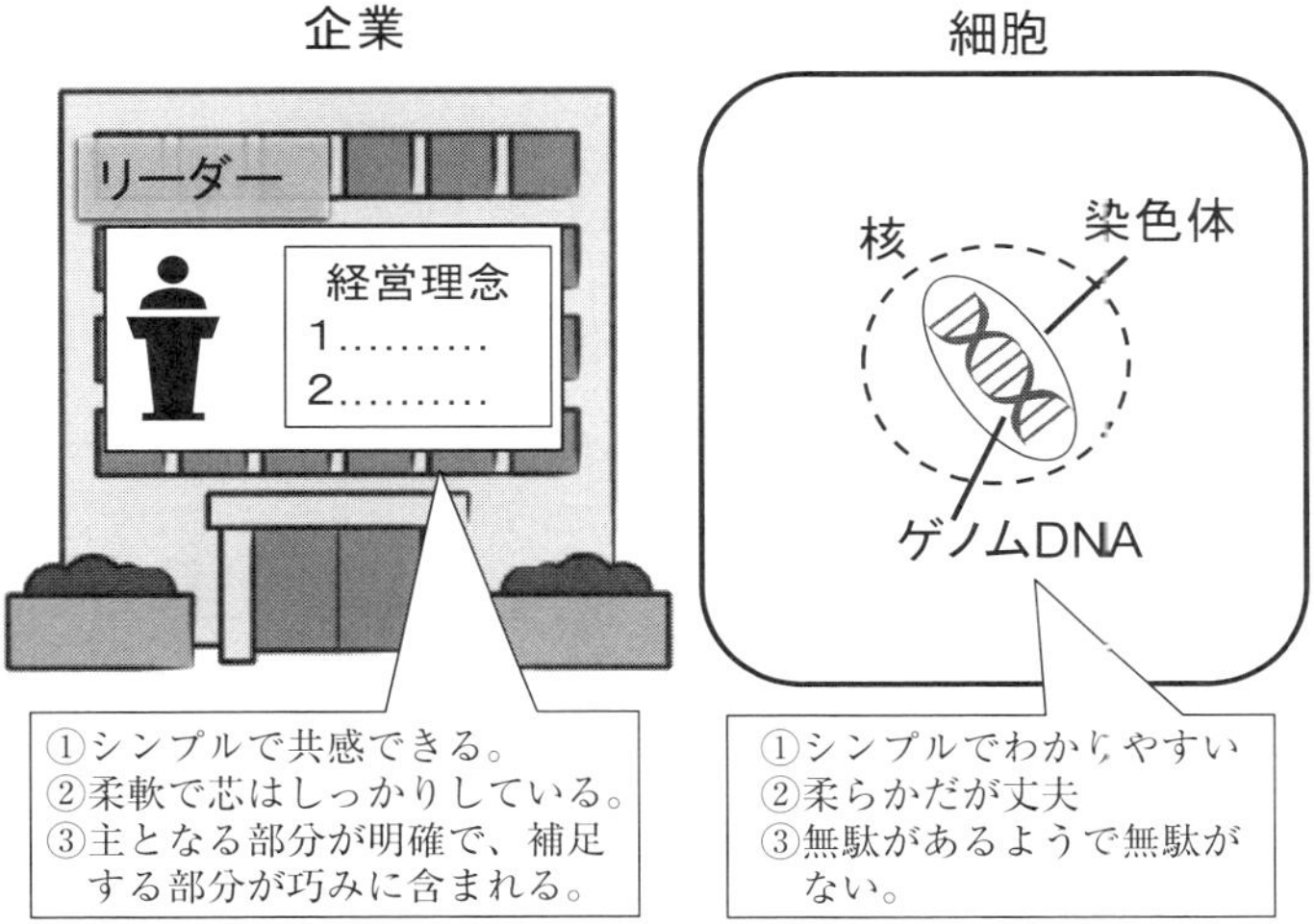
企業
リーダー
経営理念
1..........
2..........
①シンプルで共感できる。
②柔軟で芯はしっかりしている。
③主となる部分が明確で、補足する部分が巧みに含まれる。
細胞
核
染色体
ゲノムDNA
①シンプルでわかりやすい
②柔らかだが丈夫
③無駄があるようで無駄がない。

図１　経営理念は DNA

葉もない企業のサイトも少なからず見受けられます。

経営理念を公にしていない企業は、経営トップである社長の価値観、理念が会社の理念、ビジョンになります。社長の心に内在する理念、心に秘めた価値観、キャラクターがその会社の経営理念になるわけです。ですのでその場合は、上記の３つの特徴は備わっていないですよね。そのような企業は、生物にたとえれば（生物ではないですが）、生物か無生物かはっきりしない状態、ウイルスのような形態と捉えられます。生物のように自己増殖できず、宿主に寄生しなければ生きられない企業です。当然のことながら他力本願な経営に陥り勝ちで持続的に成長することは難しいでしょう。

大半の会社は、サイトに経営理念やビジョンが記載されていますが、そのほとんどは、とてもわかりやすく、ユーザーから共感を得られる美しい言葉が多いです。先に掲げた3つの特徴のうちの「①シンプルで、共感できる」という特徴は持っているのでしょう。

しかしながら、やたらと美しい文言、きれいごと、煽情的な文章が並べ立てられるばかりで、芯がみえず、主たる部分が不明確で、かつ、補足する部分がわからないものが多いです。

残念な例として、創業当時の設立趣意書や設立の目的、経営方針は素晴らしく、持続的に成長する企業の経営理念の3つの特徴が備わっているにもかかわらず、それとは軸がちょっとずれたような、誰もがわかるようで中身が薄いビジョンを公開している企業があります。

このような①の特徴だけを持っている経営理念は、察するに、企業のブランドイメージを高めるため、あるいはCSR（企業の社会的責任）戦略の一環として作成されたコピー的なもののように推測されます。

そのような経営理念は、まさに羊頭狗肉で中身にしっかりしたものが感じられません。生物にたとえれば、ゲノムDNAは存在するものの、さして遺伝情報を発現するような機能をしていない状態に思えます。

(2) ジョンソンエンドジョンソンの「我が信条（Our Credo）」

ジョンソンエンドジョンソンは、米国に本社を置き、製薬、医薬品、ヘルスケア関連商品を扱う多国籍企業です。この会社の経営理念である「我が信条（Our Credo）」は、とても有名で、ビジネススクールのケースなどに頻繁に取り上げられています。

ジョンソンエンドジョンソンの「我が信条」を読み返すと、持続的に成長する企業が備わる経営理念の３つの特徴が含まれていることがわかります。

「我が信条」は、４つのセグメントで構成されています。それぞれのセグメントは、ジョンソンエンドジョンソンが果たすべき責任の対象者を明確にしています。最初の第一の責任はすべての顧客に対する責任とし、第二の責任は全社員への責任、第三の責任は全世界の共同社会への責任、そして最後の第四の責任は、株主への責任とし、その責任の果たし方を記述しています。

最初のセグメント、第一の責任を見てみましょう。最初の一文は、次のように書かれています。

「我々の第一の責任は、我々の製品およびサービスを使用してくれる医師、看護師、患者、そして母親、父親をはじめとする、すべての顧客に対するものであると確信する」

メッセージがとても力強く、明確でわかりやすいですよね。第一の責任は、すべての顧客に対するものと強く約束（コミットメント）しており、共感を抱くことができます。

最初の一文の後に、責任を果たすべき対象者への責任の処し方を示しています。本文は、区切りを置かず続けて記述されていますが、ここでは、わかりやすく箇条書きで以下に記します。

「顧客一人一人のニーズに応えるにあたり、我々の行なうすべての活動は質的に高いものでなければならない」

「適正な価格を維持するため、我々は常に製品価格を引き下げる努力をしなければならない」

「顧客からの注文には、迅速、かつ正確に応えなければならない」

「我々の取引先には、適正な利益をあげる機会を提供しなければならない」

この4つの文には、すべての顧客への責任の処し方、果たし方についての目的と行動基準が明確に示してあります。とてもシンプルでわかりやすい印象を受けます。また、「〜しなければならない」といった強固な基準を示しつつ、目的と行動基準を満たせば、どのような活動をしてもよいような柔軟な捉え方を許容しているように読み取れます。果たすべき目的と行動基準がシンプルで明確なので、行間を読み取り、目的と行動基準を満たし、すべての顧客への責任の処し方について、さまざまな方法を創造させる余地があります。

以上、第一の責任のセグメントの構成を示しました。最初の一文に責任を果たすべき対象を明確に提示し、その後に責任の処し方、果たし方の目的、行動基準をシンプルに示す。このような構成は、その後の3つのセグメントも同じです。つまり、責任の対象を示した最初の一文が主たる部分で、その後の責任の処し方の目的、行動基準の文章が主たる部分を補足する部分になります。

このように考えると、ジョンソンエンドジョンソンの「我が信条」は、持続的に成長し続ける企業が備える経営理念の特徴を持っていると思われます。

(3) タイレノール事件からわかる「我が信条」の凄さ

ジョンソンエンドジョンソンの「我が信条」を一躍有名にした事件があります。この事件がなければ、私も本書で取り上げることはなかったでしょう。その事件とは、タイレノール事件です。

１９８２年9月29日、シカゴ近郊に住む12歳の少女が、ジョンソンエンドジョンソン社製の解熱鎮痛剤「タイレノール・エクストラ・ストレングス」のカプセルを服用したところ、混入されていたシアン化合物によって死亡するという事件が起こりました。以後、計5瓶のタイレノールによって計7名の死者を出し、この他に毒物が混入された3瓶が回収されました。この一連の事件をタイレノール事件といいます。

この事件発生後のジョンソンエンドジョンソンの対応は素早く、「タイレノールにシアン化合物混入の疑いがある」とされた時点で迅速に消費者に対し、１２万５０００回に及ぶテレビ放映、専用フリーダイヤルの設置、新聞の一面広告などの手段で回収と注意を呼びかけました。また、1982年10月5日には、タイレノール全製品のリコールを発表しました。その結果、約3100万本の瓶を回収するにあたり、当時の日本円で約277億円の損失が発生しました。しかし、ジョンソンエンドジョンソンは、事件発生後、毒物の混入を防ぐため「3重シールパッケージ」を開発し発売しました。この徹底した対応策によって、事件後2か月には、事件前の売上の80%まで回復しました。

事件当時、危機管理の緊急マニュアルがなかったにもかかわらず、リスク管理のお手本のような迅速な対応ができたのは、「我が信条」の周知徹底が社員に浸透していたからと言われています。

タイレノール事件を取り上げた資料には、「消費者の命を守る」ことを謳った「我が信条」(Our Credo)という経営哲学があり、社内に徹底されていたと紹介されることがあります。ただし、「我が信条」をよく読むと、「消費者の命を守る」とは明確に書かれていないのです。前に紹介しましたように、書かれているのは、「我々の第一の責任は、すべての顧客に対してのもの」「顧客一人一人のニーズに応えるにあたり、我々の行なうすべての活動は質的に高いものでなければならない」「顧客からの注文には、迅速、かつ正確に応えなければならない」です。書かれているこの信条を柔軟に解釈し、行間を読み取り、「消費者の命を守る」ことが、「消費者に対するジョンソンエンドジョンソンの第一の責任」であると判断した上での迅速な行動と推察できます。

5　第２章のまとめ―経営理念の創り方と活かし方―

持続的に成長する企業が備える経営理念の特徴と、その創り方や活かし方をまとめてみましょう。

まず経営理念の定義を振り返りましょう。経営理念とは、「企業や組織の存在意義や使命、基本的価値観を経営者自らだけでなく、ともに経営活動を担う企業や組織の従業員、顧客、ステークホルダーに表明するもの」と本書では定義しました。そして、持続的に成長する企業が備える経営理念の特徴として、

① シンプルで、共感できる。
② 柔軟で芯はしっかりしている。
③ 主となる部分が明確で、補足する部分が巧みに含まれている。

を挙げました。これらを踏まえ、経営理念の創り方と活かし方を記します。

(1) 自社を持続的に成長する企業にしたい経営者へ

① 経営理念の確認・作成

自社の経営理念が明文化されている企業の場合、今一度、経営理念を見返し、上記の定義通り、自社の社員や顧客、株主、取引先に自社の存在意義や社会に対する使命、基本的に自社はどのような価値に最も重きを置いているのか、そしてどのような価値を提供して社会に貢献するのかがきちんと明文化されているか、そして、社員や顧客、株主、取引先などのステークホルダーにきちんと表明しているか宣言しているかを広い視点で点検してください。経営者であるあなたの点検だけでなく、社員にも広く意見を求めてもよいと思います。

明文化していない場合は、経営者の価値観をもとに少数の社員とともに、上記の定義に沿って、会社が存続する理由、社会に対する使命、自社が創造する価値とそれを提供することでどのように社会に貢献するのかを時間をかけて検討し、ステークホルダーに宣言できるように文章に起こしてみてください。

② 作成した経営理念の校正・改善

既存の経営理念を再検討し、あるいは経営理念を明文化したのち、それらの内容を上記の「持続的に成長する企業に備わる経営理念の特徴」に沿って、点検してみてください。

すなわち、①シンプルで、共感できる。②柔軟で芯はしっかりしている。③主となる部分が明確で、補足する部分が巧みに含まれている。といった経営理念の３つの特徴が現れているかどうかを、社員も交えて校正し、より良いものに改善してみてください。

③　経営者の価値観・強みとの一貫性の再確認

３つ目の段階として、明文化し、特徴を校正・改善した経営理念を、経営者自らが再度振り返り、会社ではなく自身の価値観、信念と照らし合わせ、一貫性があるかどうかを再確認してください。

(2)　これから持続的に成長する企業創りを目指す起業家へ

これから起業を目指し、持続的に成長する企業を創り上げたい起業家の方は、まだ経営理念を明文化していない段階であろうと推察します。その場合は、前述した経営理念が明文化していない会社の場合と同じような方法で、素晴らしい経営理念を創業するメンバーとともに創り上げてください。

スタートアップ起業ではなく、自分自身１人が社員のようなスモールビジネスで起業する場合は、自分自身の価値観（世界観）、ビジョン、ミッションがダイレクトに経営理念に反映されます。ですから、その際は、今一度、自分はどのような価値をお客様に提供できるのか、どのような価値をお客様に提供したいのか、そして、価値を提供することでお客様の将来にどのように貢献したいのかを時間をかけて内省し、磨きをかけて熟成させてください。

ジョンソンエンドジョンソンの「我が信条」は、1932年から1963年まで最高経営責任者として経営の陣頭指揮をしていたロバート・ウッド・ジョンソンJrが起草しました。

彼が1943年に初めて取締役会で「我が信条」を発表したときには、「この文章の中に書かれている考え方が会社の経営理念である。これに賛同できない人は他社で働いてくれて構わない」と断言しています。経営者の強い信念が現れた至言ですね。

次章では、企業の経営理念に対する経営者、トップのかかわり方、役割について、生物の持つ巧みなシステムを分析しながら考えてみましょう。

第3章

卓越したリーダーの在り方と役割

―核の機能から考える―

「リーダーの資質は、自らの中にある基準に現れる。」（ナポレオン・ボナパルト）

「経営理念は、まず経営者が考えて考え抜いて、自身で心の底から、これだ、と思えるもの、さらに従業員も株主も納得できるもの、広く世間の人びとが賛成してくれるもの、そして天地自然の理にかなっているものでなければならない。」（松下幸之助、パナソニック創業者）

1　リーダーは核

地球上に存在するすべての生物は、細胞の形態から大きく2つに分けることができます。その2つとは、細胞内に核を持つ**真核生物**と、核を持たない**原核生物**です。

核とは、細胞内にある構造体です。細胞小器官の1つです。

私たちヒトは真核生物です。私たちの体を構成する細胞のほとんどは、核を持っています。赤血球のように核を持たない細胞もありますが、これは例外といってよいでしょう。

原核生物には、大腸菌や乳酸菌のような細菌類が含まれます。原核生物は、体が1つの細胞でしかない単細胞生物です。

前章で取り上げた生物のゲノムＤＮＡは、真核生物の場合、構成する細胞ひとつひとつの核の中にあります。一方、原核生物のゲノムＤＮＡは、核に包まれることなく細胞にむき出しのまま存在しています。

真核生物の核の中のゲノムＤＮＡは、タンパク質に巻き付いて折りたたまれて存在しています。ヒトの体細胞の場合、すべてのＤＮＡの長さは2ｍにも及びます。その長いＤＮＡを10μｍ（マイクロメートルは、メートルの1000分の一の長さ）という小さな構造体に収めるには、タンパク質に絡んで折りたたまれた構造体は都合がよいのです。

このように、**核は、ゲノムＤＮＡを保管し、遺伝情報を核の外に伝達する役目を果たしています。**

企業を生命体にたとえると、ＤＮＡは経営理念に当たると前章で書きました。ＤＮＡの居場所である細胞内の核は、企業の経営者、トップリーダーと捉えることができると私は考えています。生物が生きていく上で最も重要な生命活動は、遺伝情報を保護し、遺伝情報を基にしたタンパク質を合成し、遺伝情報を伝達することです。その生命活動は、主に核が担っています。

生物の最も重要な生命活動から考えれば、企業が持続的に成長する上で最も重要な経営活動は、経営理念を守り、経営理念をもとに生産活動を行い、経営理念を社内に浸透させ、後世に伝えることになります。このような活動は、企業のトップリーダーのリーダーシップがなければ成り立ちません。

持続的に成長する企業には、必ず卓越したリーダーの素晴らしいリーダーシップがみられます。核のない生物が長く生きることができないように、素晴らしい経営理念があっても、それを守り、活用する卓越したリーダーがいなければ、企業は決して持続的に成長することはないと思われます。そのような意味において、生物の持つ核は、企業におけるトップリーダーと捉えることができるのです。

２　リーダーの在り方 ― 原核、真核の違い ―

生物のＤＮＡは企業にとっての経営理念、ＤＮＡが保管されている核は企業にとっての経営リーダーと捉えました。

経営リーダーは、持続的に成長する企業にとってどうあるべきなのでしょうか。また、経営理念にどう向き合うべきなのでしょうか。ここでは、原核生物と真核生物のＤＮＡの存在状況の違いから、持続的に成長する企業に在るべき経営リーダーの姿を類推してみましょう。

(1)　未成熟なリーダーの率いる未成熟な企業 ― 原核生物 ―

原核生物には、大腸菌や乳酸菌などの細菌類とラン藻類（シアノバクテリア）が含まれます。原核生物はすべて、１つの細胞（原核細胞）でできた単細胞生物です。

原核生物は、真核生物に比べ、１‐２μｍとサイズが非常に小さいです。また、核だけでなくミトコンドリアなどの細胞小器官がほとんどみられないという特徴があります。

原核生物は核を持たないので、ゲノムＤＮＡは、細胞の中央付近にむき出しのまま細胞質に浮いた状態で存在しています。原核生物のゲノムＤＮＡは環の形になっていて真核生物のような線状ではありません。この環の形をした原核生物のＤＮＡは、核膜に包まれずむき出しのままですが、ある程度はコンパクトに折りたたまれた構造をしています。このような構造は、核のような構造体という意味で〝核様体〟と呼ばれることもあります。原核生物のＤＮＡにある遺伝情報は、直ちに翻訳が始まり、タンパク質が合成されます。

原核生物を企業と捉えれば、創業したてのがむしゃらに経営活動を行っている企業に当てはまるでしょう。核としての構造を持たない核様体は、経営理念は掲げたけど、それを具体的に体現する方法を模索している成長途上のリーダーといえるでしょうか。

(2) 経営理念を守り、その実現に努めるリーダー ― 真核生物 ―

真核生物のゲノムＤＮＡは、細胞内の核に存在しています。核内の構造は、核膜が境界となって核の外の環境と分けられています。細胞という1つの部屋の中に、さらに隔離された核という小部屋が作られているといったようなイメージです。

① 核の起源

原核生物から真核生物へと進化する過程で、核膜はどのようにできたのでしょうか。

初期の原核生物（細胞）は、タンパク質などの栄養物質を細胞膜で包み込むようにして細胞外から吸収し、生活してきました。

取り込まれた栄養物質は、分解されずに包み込んだ細胞膜ごと残るものがあり、それがたまってくっついていき、**小胞体**という細胞小器官になりました。

小胞体は、細胞内のタンパク質などの物質の輸送に関わる細胞小器官です。小胞体ができた細胞は、物質伝達が活発になり、大型化していきました。

小胞体などの細胞小器官が発達した大型の細胞は、遺伝情報が増大してきます。**核膜は、この増えた遺伝情報を持つＤＮＡを整理・保管するように小胞体の膜から形成されました。**

②　企業の成長過程 ― 原核生物から真核生物への進化 ―

原核生物から核膜が形成されて真核生物へ進化する過程を企業の成長過程と捉え直すと、次のように考えることができます。

創業間もない会社が、創業者を中心として掲げたばかりのピカピカの経営理念に基づいて経営活動を頑張っている状態が原核生物の状態と捉えることができます。ＤＮＡは膜に包まれておらず核としての構造を持たないので、経営理念も経営リーダーもまだまだ熟成されていません。ただ、掲げたばかりの経営理念を実現すべく情熱にまかせて突っ走っている創業間もない企業が原核生物と考えられます。

経営が軌道にのり、お客様、社員、資金などの資源が増えていっている会社の状態が、原核細胞内に小胞体やミトコンドリアなどの細胞小器官が発達していった状態です。この状態の原核細胞は、ＤＮＡの遺伝情報が増大しています。たとえられる企業は、経営理念の及ぼす範囲、解釈できる活動が拡大していっている状態です。

むき出しのＤＮＡが核膜に包まれた状態、つまり真核生物へと進化した状態は、会社が持続的に成長する軌道にのった第一歩になったと考えられます。この状態のゲノムＤＮＡは、原核生物のときのゲノムＤＮＡから遺伝情報量が増大し、機能面で格段に進化しています。システマティックに生命活動を行えるようなＤＮＡに変化しています。そして、そのＤＮＡを整理・保管し、保護する核が形成されています。

この状態を企業に置き換えると、創業当時の経営理念はさらに熟成し、社員に浸透していき、良好に活用して経営活動ができるような雰囲気ができてきた会社の状態と考えられます。経営理念が会社の経営活動の源泉となり、基準となっています。その活用の仕方、解釈の仕方が社内で浸透し、統一されるとともに、新たな活用法、解釈法をブラッシュアップするような社内の雰囲気が醸成しつつあります。そして経営リーダーは、経営理念そのものとその活用法、解釈法を守り、良好に社員が活用できるよう、浸透するよう率先して指導していきます。そのようにしてリーダー自身も社員や経営理念とともに成長していくのです。

③　核の起源からみるリーダーの在り方とは

原核生物から真核生物への進化とそれに伴う核の起源から、生物のゲノムＤＮＡと核には、次のような特性がみられます。

①　核は、ゲノムＤＮＡを保護し、折りたたんで保管する。
②　ゲノムＤＮＡの遺伝情報は、進化の過程で変化（増大）している。
③　核膜は、細胞小器官の小胞体から形成される。

企業を生物として捉え、ＤＮＡを経営理念、核を経営リーダーとして考えると、ゲノムＤＮＡと核にみられる特性から導き出されるリーダーの在り方とは、次のように類推できると思います。

④　リーダーは、経営理念を守り、経営理念に基づいて社員が活動するよう管理している。
⑤　経営理念は、企業の成長の過程で変化（進化）している。
⑥　リーダーは、周囲の仲間、協力者の支援によって存在する。

3 リーダーの役割 ― 核の構造と機能 ―

真核生物の核は、ゲノムDNAを保護・保管する役割を果たしています。核はどのような構造をしており、ゲノムDNAを保護・保管する機能を果たしているのでしょうか。また、核には、ほかにもどのような機能がみられるのでしょうか。核の構造と機能を見ることで、企業におけるリーダーの役割を考察してみましょう。

(1) 核内のDNAの保管状態

真核生物の核の中のゲノムDNAは、タンパク質に巻き付いて折りたたまれていると、前に書きました。さらに詳しく加えますと、ゲノムDNAは、クロマチン繊維と呼ばれる複雑なDNAとタンパク質の複合構造体を形成します。

DNAは、核膜に包まれて外界から保護されているだけでなく、核の中で、クロマチン繊維という構造体に入ることで、さらに外界の物理的化学的要因から保護されている形になっています。

(2) 遺伝情報の発現と調節

ＤＮＡ自体の化学構造は、シンプルで化学的に壊れやすい構造をしながらも丈夫な特徴があると第2章で記しました。そのようなＤＮＡが核膜で包まれ、核内でクロマチン繊維という構造をつくることでさらに丈夫になっています。ところが、構造があまりにも丈夫すぎて柔軟性に欠けていれば、ＤＮＡの遺伝情報を基にした、生命活動に必要なタンパク質合成（いわゆる遺伝情報の発現という現象）が円滑に進みません。

細胞内外、または核内外の情報に応じてＤＮＡの遺伝情報が発現されるときには、読み取られるＤＮＡの部分が含まれるクロマチン繊維の一部がほどかれ、ＤＮＡの一部がむき出しとなり、ＤＮＡの二重らせん構造が切れて1本ずつの鎖となり、遺伝情報が読み取られます。このような遺伝情報の発現には、さまざまな物質が働いて調節されています。

要するに、ＤＮＡに含まれるすべての遺伝情報が無軌道に発現されるのではなく、細胞内外や核内外の情報に応じて適切な時期に適切な遺伝子が働くような調節のしくみが備わっているのです。

(3) 核膜孔と核内の情報伝達のしくみ

核内のＤＮＡは、核内外からくる情報に応じて遺伝情報を発現すると記しました。では、その情報はどのように伝達され、処理されるのでしょうか。

核膜には、**核膜孔**と呼ばれる小さな穴があります。その数は決まっておらず、１００～２０００個の数が報告されていますが、細胞の状態によってさまざまです。核内外の情報のやり取りは核膜孔を通して行われます。

核膜孔を介して情報のやりとりをする核を、企業の経営リーダーとして捉えると、外部からの情報をバランスよく取り入れ、処理する姿のようにみえます。核膜孔には、核の情報のやりとりを担う構造体があります。その構造体に異常をきたした核は、遺伝子発現の調節にエラーが生じ、がん化したり、さまざまな疾患の原因になったりします。

企業の経営リーダーにも、核膜孔にある構造体のような、情報をバランスよく処理する機能を果たす部署、人材、あるいは経営リーダーがもつ能力・スキルが必要になるのでしょう。バランスよく情報を処理できず、自分の都合のよい偏った情報しか集められず、それに従うような経営リーダーは、核膜孔にある構造体に異常をきたした核のように、病んだ組織、衰退する企業へと自社を貶めかねませんから。

(4) 核の構造と機能から導き出されるリーダーの役割とは

真核生物の核の構造と機能には、次のような特徴がみられます。

① ゲノムＤＮＡを核膜で包んで保護している。
② クロマチン繊維をつくることでゲノムＤＮＡをコンパクトに保管し、核内でも保護している。
③ 核外から情報を入手し、その情報に応じてクロマチン繊維をほどき、遺伝情報を発現している。
④ 核膜には、核膜孔が複数存在し、そこで物質の運搬、情報伝達が行われる。

ＤＮＡを企業の経営理念、核を経営リーダーとすれば、核の構造と機能から、企業のリーダーの役割は、次のように捉えられます。

① 経営理念を守っている。
② 経営理念を守り、社員に浸透させるしくみをつくる。
③ 経営理念を守るだけではなく、経営理念が実現できるように経営活動を管理している。
④ 外部からの情報にオープンに構えている。

4　持続的に成長する企業に存在する卓越したリーダー

持続的に成長する企業を率いるリーダーの役割は、企業の経営理念に対して、とても誠実で本質的な対応をしていると推察されます。

第2章で取り上げましたジョンソンエンドジョンソンの経営理念、「我が信条（Our Credo）」の起草者、ロバート・ウッド・ジョンソンJrは、1932年から1963年の長期にわたり、最高経営責任者としてジョンソンエンドジョンソンの経営を主導した卓越したリーダーです。

彼は、自らが起草した「我が信条」にとても強い思い入れを持っていました。自分が創った経営理念なので、思い入れの強さは当然と言えば当然なのですが、いくつかのエピソードから、彼の「我が信条」を守り、社内に浸透させる誠実な態度・覚悟が拝察されます。

1943年、初めて取締役会で「我が信条」を発表したとき、「この文章の中に書かれている考え方が会社の経営理念である。これに賛同できない人は他社で働いてくれて構わない」と断言しています。

また、株式公開企業なので、株主に対する責任を最後に置くのはおかしいという意見に対して、彼は、「顧客第一で考え行動し、残りの責任をこの順序通り果たしてゆけば、株主への責任は自

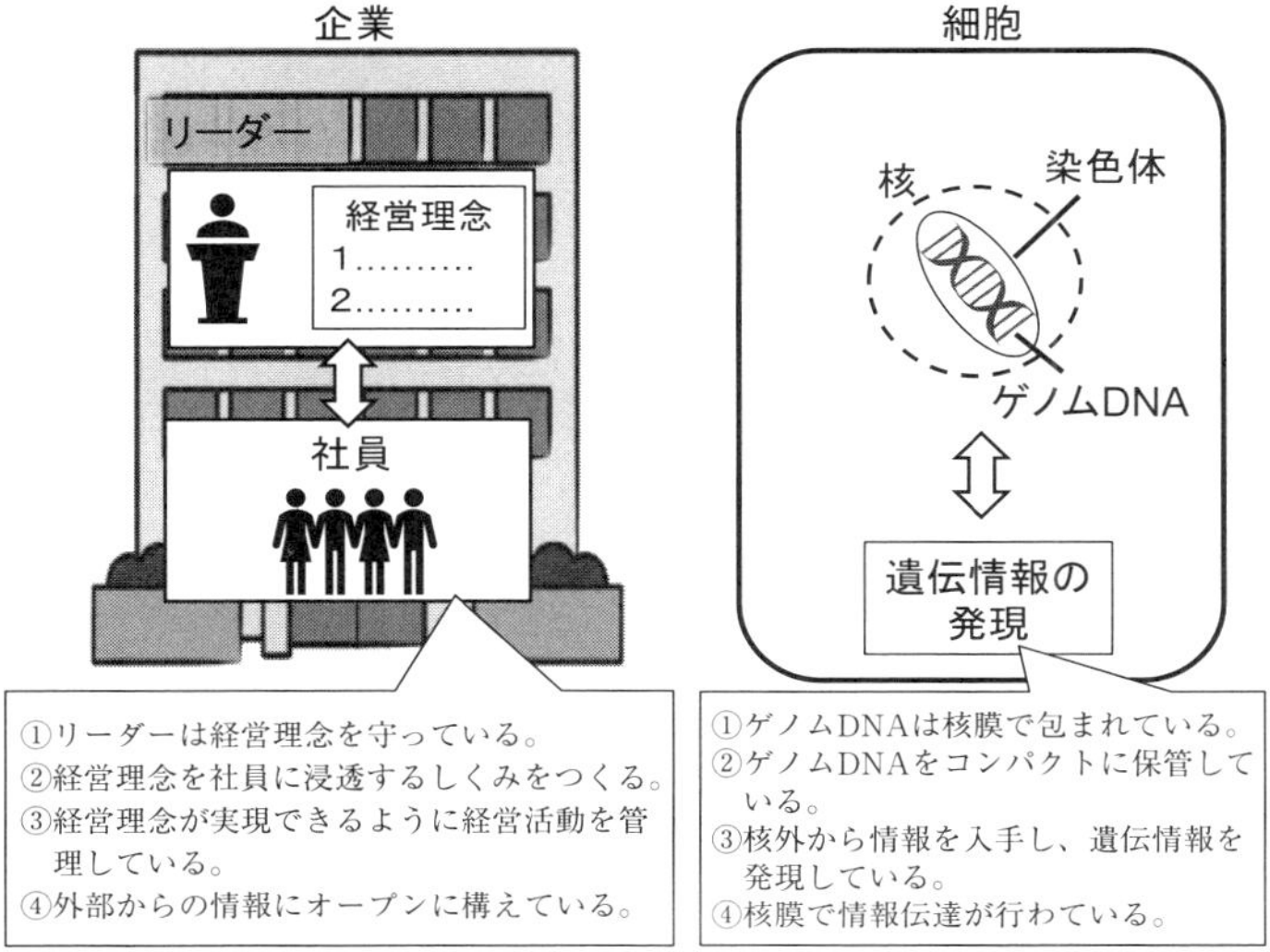
企業
リーダー
経営理念
1..........
2..........
社員
①リーダーは経営理念を守っている。
②経営理念を社員に浸透するしくみをつくる。
③経営理念が実現できるように経営活動を管理している。
④外部からの情報にオープンに構えている。
細胞
核
染色体
ゲノムDNA
遺伝情報の発現
①ゲノムDNAは核膜で包まれている。
②ゲノムDNAをコンパクトに保管している。
③核外から情報を入手し、遺伝情報を発現している。
④核膜で情報伝達が行われている。

図２　リーダーは核

ずと果たせるというのが、正しいビジネス論理なのだ」と反論しています。

さらに、彼は、次のように補足しています。

「この文書の文言は時代の流れや会社発展にあわせて修正してよい。新しい経営概念を導入してもよい。しかし、基本哲学・思想は不変のはずだ」と「我が信条」を時代に合わせて柔軟に変化させることを認めた上で、クレドに内在する基本的な思想の不変性を述べています。

このようなジョンソンエンドジョンソンの経営理念、「我が信条」の起草者、ロバート・ウッド・ジョンソンJrの「我が信条」に対する誠実なゆるぎない姿勢や覚悟をうかがうと、持続的に成長する企業において、健全な経営理念の存在が如何に重要か、それを守る卓越したリーダーの存在が如何に必要か、改めて認識できると思います。

(1)「自由闊達にして愉快なる理想工場の建設」―井深大の経営理念―

かつて日本にも、健全な経営理念を掲げ、それを守り、浸透させることで企業を飛躍的に成長・発展させた卓越したリーダーが多数存在していました。1946年に東京通信工業株式会社(のちのソニー)を創業した井深大もそのうちの一人です。

ソニーを創業する前、若い頃の井深大は、早稲田大学理工学部時代、極めて優秀な研究者として頭角を現していました。大学卒業後、映画会社の下請けをする研究所、PCL研究所に、当時の所長、植村泰二に請われ、1933年に入社します。

井深は、PCL研究所時代、植村所長の計らいで素晴らしい仕事の環境が与えられ、のびのびと研究に勤しみ、輝かしい業績を挙げていきます。大学時代の研究を継続して発明した「光るネオン」は、パリ万国博覧会に出品され、優秀発明賞を受賞しました。

植村は、当時の井深を次のように評しています。

「井深さんは、その夢やアイデアを周りの人が実現してあげたくなるような、最後まで少年のような好奇心を失わない人でした」。

植村は、そのような入社したばかりの井深を一人前の技術者として扱い、技師長が集まる技術会議に列席することを許しました。若い井深は、年配技術者との集まりの中で多くのことを学び、後に、「経験の多い大先輩の話を聞くことは、人間的にも教えられることが多かった」と述懐しています。

このときの多種多様な人間との交流や自由な研究活動の経験が、井深の人間性を深めさせ、後のソニーにおける人材育成、人材登用の指針となり、東京通信工業設立趣意書の内容にも生かされることになります。

その後、井深は、紆余曲折を経て、戦後間もない１９４６年、かねてから意気投合していた盛田昭夫と共同で、東京通信工業株式会社を設立しました。

設立に先立ち、井深は、経営理念というべき、「東京通信工業株式会社設立趣意書」を起草しています。それは、長い序文ののちに会社設立の目的、経営方針、経営部門の説明というセクションで構成されています。

会社設立の目的の中で注目すべき文は、**「真面目なる技術者の技能を、最高度に発揮せしむべき自由闊達にして愉快なる理想工場の建設」**です。また、経営方針の中では、**「極力製品の選択に努め、技術上の困難はむしろこれを歓迎、量の多少に関せず最も社会的に利用度の高い高級技術製品を対象とす。また、単に電気、機械等の形式的分類は避け、その両者を統合せるがごとき、**

他社の追随を絶対許さざる境地に独自なる製品化を行う」という文が、最も井深のビジョンを表現している内容と思われます。

(2) 日本初のテープレコーダー開発に自信を深める

東京通信工業を創業した当初、井深と盛田は、どのような製品をつくるか議論を重ねました。たびたびラジオ受信機の製造が候補に挙がりましたが、時代に先駆けた独創的な新製品を生産するという設立趣意書に書かれた信念に反するとして井深は反対します。しかし、創業したてで資金の必要に迫られた井深は、全く関心を示さなかった大手企業からのラジオ修理用部品の製造を決断します。

１９４９年、井深は、東京通信工業の信念に合い、自分のビジョンに沿った製品として日本で最初のテープレコーダーの製造を確信し、決断します。そして、１９５０年、日本初のテープレコーダーG型が完成します。この開発は、まさに井深自身が設立趣意書に掲げた「真面目なる技術者の技能を、最高度に発揮せしむべき自由闊達にして愉快なる理想工場の建設」が実現した瞬間でした。

G型テープレコーダーの成功は、井深に経営理念を守り、実行すればなんだってできるという自信を与えたエポックメーキング的な偉業でした。以降、井深が率いるソニーは、日本初のトランジスタラジオＴＲ－５５、世界初の直視型ポータブルトランジスタテレビＴＶ８－３０１、トリニトロン・カラーテレビＫＶ－１３１０と、次々とイノベーティブな製品を開発し続けました。これは、設立趣意書に掲げた、「真に人格的に結合し、堅き協同精神をもって、思う存分、技術・能力を発揮できるような状態に置くことができたら、たとえその人員はわずかで、その施設は乏しくとも、その運営はいかに楽しきものであり、その成果はいかに大であるか」が実現されたことを示す証左でもありました。

(3)　経営理念を守り、誠実に実行し続けたリーダー

井深大は、自らが起草した経営理念というべき設立趣意書に対して誠実な姿勢で臨み、守り、実行したリーダーでした。創業当初こそ、理想に反し、現実的な経営判断をしなければならない状況がありましたが、そのような状況でも設立趣意書に掲げたビジョンを忘れることはありませんでした。

井深は、入社した若手技術者の力を認め、彼らに活躍の場を与えました。会議でも、部長であれ新入社員であれ、発言には公平に耳を傾け、新入社員の意見でもよいと思えば採用する柔軟性と器量の広さを示していました。これは、井深自身が若い頃、ＰＣＬ研究所時代に植村泰二から学んだ人材育成術であり、設立趣意書に掲げた理念を守り、忠実に実行したことでもありまし

た。

１９７３年に江崎ダイオードの開発でノーベル物理学賞を受賞した江崎玲於奈は、１９５６年に東京通信工業に入社しました。当時の東京通信工業を江崎は、次のように語っています。

「発展途上の会社で、会社全体があたかも技術研究所のように元気溢れる組織であった。東京通信工業のカルチャーを一言でいうと、『組織された混沌』で、部分的にみると技術者は自由奔放に仕事を進め、混沌としているが、会社全体としては、目標が明確で良く秩序が保たれていた」。

江崎の印象は、まさに井深が掲げた、「真面目なる技術者が真に人格的に結合し、堅き協同精神をもって、思う存分、技術・能力を発揮できる、自由闊達にして愉快なる理想工場」が実現していたことを示しています。

井深は、経営の一線を退くまで、経営理念を守り、理想の実現に向けて誠実に経営活動を行っていました。経営理念が社員の中で薄れていくことも危惧し、折に触れ、警鐘を鳴らしています。

１９６１年、ソニー創立15周年の式典で、井深は早くも次のような警鐘を鳴らしています。

「ソニーが15年前に発足したとき、私たちの体と精神以外いったい何の財産があったでしょうか。不屈の精神、ソニー・スピリットと団結実行以外の財産があったでしょうか。そのようなところに、『人の和』『団結、協力』が泉のように湧き、今日のような立派な建物の中にそれらが

『眠ろう』としているという事実は、何と人生の悲劇であり、人間社会のおろかさでしょうか。私はそれを恐れるとともに、深い摂理を感じるのであります。また、私の責任を深く感じるのであります」。

また、70歳を過ぎた井深が、ウォークマンの開発に際して、次のようなコメントを送って、創業当初からのソニーの理念・ビジョンが薄れていることを嘆いています。

「昨年後半で一番めざましい働きをした商品はウォークマンです。これは盛田会長と私がやろうと言い出して商品化されたものです。こんな情けない話があるでしょうか。ウォークマンのような商品は、皆さん方から自動的に出てきてもよいはずなんです」。

井深大のリーダーシップには、持続的に成長する企業を率いる卓越したリーダーの役割が備わっていると私は捉えています。すなわち、自ら掲げた経営理念「自由闊達にして愉快なる理想工場の建設」を守り、それを社員に浸透させ、実現できるように経営活動を管理し、時代に応じて経営理念が進化するようオープンに情報交換する卓越したリーダーの姿が見えます。

5　第3章のまとめ ―卓越したリーダーの特徴―

持続的に成長する企業を率いる卓越したリーダーの特徴について、まとめてみましょう。それは次のような特徴が見られます。

① 経営理念を守っている。
② 経営理念を守り、社員に浸透させるしくみをつくる。
③ 経営理念を守るだけではなく、経営理念が実現できるように経営活動を管理している。
④ 時代に応じて経営理念が進化するよう、外部からの情報にオープンに構えている。

これらを踏まえ、卓越したリーダーの在り方と役割について記します。

(1) 自社を持続的に成長する企業にしたい経営者へ

第2章で記したように、経営理念を作成したのち、それを守るようにしてください。経営する上で大小さまざまな判断をしなければならない状況において、自分が選択しようとしている判断が経営理念に沿っているかをまずは考える癖をつけてください。

社員に対しては、経営理念について十分に理解していただくしくみづくりを考えてください。

社員に経営理念を浸透させるしくみづくりは、次章で詳しく記しますが、経営者は、自社の経営理念の奥深い意味を社員に語りかけ、ソニーの井深大のように、自ら率先垂範して経営理念に沿って経営活動を行うことを、社員をはじめとしたステークホルダーに約束してください。

作成し、ステークホルダーに遵守を約束した経営理念は、どのような状況になっても変化しない変化させないような硬直なものではありません。時代に応じて進化するよう、常に社内外からの情報にオープンとなり、柔軟に変化することをためらわないようにしてください。ジョンソンエンドジョンソンのロバート・ウッド・ジョンソンJrのように、経営理念の根幹部分の不変性と時代に合わせて変化させる柔軟性をもって経営理念に接してください。

そして、企業経営において重要な意思決定は、情報をバランスよく取り入れ、多面的に考察し、経営理念に基づいているかどうかを基準に判断してください。

(2)　これから持続的に成長する企業創りを目指す起業家へ

スタートアップやスモールビジネスいずれにおいても、起業家の方のリーダーとしての在り方や役割は、経営者のそれと大きく変わりません。第2章に記したように経営理念を作成したら、ともに起業を目指す仲間に経営理念を語り、共有し、起業のプランとともに経営理念を話し合いながら改善し、浸透するように取り組んでください。そして目指す企業創りにおいて重要な意思決定は、経営理念を基準に判断して下し、外部にも経営理念を明確に掲げ、守ることを約束してください。

それが、持続的に成長する企業を率いる卓越したリーダーの在り方であり、役割と強く思います。

企業の経営理念は、創業当初においては、創業者はもちろんのこと、社員にも浸透しています。それは、ソニーの創業当時の様子からもわかることです。ただ、企業が成長し続けるにつれ、社員への浸透が薄れてきます。井深大が危惧し、警鐘を鳴らしていることからもわかるように、ソニーのような大企業においても起こりうる現象です。

経営理念を社員に浸透し、共有理念として保ち続けるには、どのようにすればよいでしょうか。次章では、企業の経営理念を社員に浸透・共有し続けるしくみについて、生物のもつ巧みなシステムを分析しながら考えてみましょう。

第4章

経営理念が浸透している企業

―DNA複製と遺伝子の発現から考える―

「ひとたび社員に経営方針や理念が浸透すれば、その企業は並々ならぬ力と柔軟性を発揮する。」（盛田昭夫、ソニー創業者）

「共有すべき普遍的なフィロソフィ、経営理念、価値観がその集団の根底に脈々と流れているからこそ、組織が細かく分かれていても、会社全体があたかもひとつの生命体であるかのように機能することができるのである。」（稲盛和夫、京セラ創業者）

１　社員は細胞

私たちヒトを含めた真核生物は、１つの細胞でできた単細胞生物と多数の細胞で構成される多細胞生物の２つに分かれます。

単細胞生物は、社長一人が社員のような個人会社であり、ヒトのような数十兆個もの多数の細胞でできた多細胞生物は、数多くの社員を抱える大企業とたとえることができるでしょう。そして、ＤＮＡを経営理念、核をリーダーと捉えるならば、細胞は、企業を構成する社員・従業員と捉えることができます。

⑴　多細胞生物を構成するすべての細胞には、同じゲノムＤＮＡが含まれている

細胞を企業の社員と捉えるならば、第１章でも書きましたように、「構成する細胞ひとつひとつが健全に活動する生物」は、「社員に経営理念を浸透させている企業」と捉えることができます。

多細胞生物を構成するひとつひとつの細胞には、すべて同じ情報を持つゲノムＤＮＡが備わっています。私たちヒトの細胞の種類は、神経細胞、筋細胞、表皮細胞など、約２５０種類あると

言われています。赤血球のような核を持たない細胞や卵、精子などの生殖細胞を除き、どのような種類の細胞にも、同じゲノムDNAが同量含まれています。

多細胞生物を構成する多くの細胞は、元は1つの受精卵が細胞分裂を繰り返してできたものです。受精卵に含まれていたゲノムDNAは、細胞分裂の際、全く同じゲノムDNAが正確にコピー（複製）され、分裂した細胞に引き継がれます。このような正確なDNAの複製が細胞分裂の際に繰り返されるため、多細胞生物を構成する細胞すべてに同じゲノムDNAが備わっているのです。

DNAの複製メカニズムは、非常に巧みに正確に機能しますが、まれにエラーを起こし、複製ミスが生じることがあります。その場合でも、複製ミスを生じた部分（塩基配列）を排除し、修復するしくみも備わっています。

(2) 遺伝子の発現は、発生段階ごと、細胞ごとに異なっている

多細胞生物のすべての細胞に同じゲノムDNAは備わっていますが、どの細胞でも同じようにゲノムDNAが働き、同じように遺伝子が機能しているわけではありません。

受精卵から成体に至るまでの発生の過程で、発生の段階ごと、細胞ごとに、ゲノムDNAのどの部分が機能（スイッチON）し、どの部分が働かない（スイッチOFF）か、プログラムとし

て決められています。成体に至っても、細胞の種類ごとに機能するゲノムの部分は異なり、そのため、その細胞特有の機能を果たすようになります。つまり、神経細胞は神経細胞として、筋細胞は筋細胞として、視細胞は視細胞として働き、振る舞うのです。神経細胞が脳の中で筋細胞や視細胞などのように別の細胞として振る舞うことはありません。

このような発生段階ごと細胞ごとの遺伝子発現制御システムは、元は受精卵に含まれる母性由来の細胞質が影響を及ぼします。したがって、受精卵の時点で、この遺伝子発現制御システムはプログラムされているのです。

もともと存在する遺伝子発現制御システム以外にも、外部環境や内部環境からの情報を基に、遺伝子発現が促進されたり抑制されたりするしくみも存在します。全く同じゲノムＤＮＡを持つ一卵性双生児が、育った環境が異なると、形質の違いがみられるのは、このような外部環境に応じて遺伝子発現が調節されるからです。

このように、生物には、１個の細胞から多細胞を構成する成体へと発生する段階において、または単細胞生物が無性生殖によって増殖する過程において、元の細胞内に含まれるゲノムＤＮＡを分裂して増える細胞へ正確に複製して伝えていくシステムが存在します。また、発生段階ごと細胞ごとにゲノムＤＮＡのうちの遺伝子発現がコントロールされるしくみも存在します。このようなしくみから企業の活動を類推し、企業のゲノムＤＮＡである経営理念が、企業においての細胞である社員に浸透し、経営理念に基づいて社員が生き生きと仕事ができるシステムを考えてみましょう。

2　経営理念の浸透 ― DNAの複製のしくみ ―

1つの細胞が分裂して2つの細胞になるとき、ゲノムDNAは元と同じものが複製されて分裂する細胞に受け継がれていきます。

DNAは、第2章で書きましたように、ヌクレオチドが多数連なった鎖1本ずつが結合して2本鎖になり、それがらせん状になった二重らせん構造をしています。DNAが複製されるときは、2本のヌクレオチド鎖がほどかれ、一方の鎖を鋳型（テンプレート）にして、それと相補的な鎖を新たに合成することで複製されていきます。つまり、細胞が分裂して2つの細胞に分かれるとき、生じた細胞に含まれるゲノムDNAの二本鎖の1つは、元の細胞のヌクレオチド鎖と全く同じものになります。このようなDNAの複製の様式は、**半保存的複製**と呼ばれます。

(1) 半保存的複製の証明

ワトソンとクリックによって、遺伝子の本体であるＤＮＡの化学構造が明らかになったとき、彼らは既にＤＮＡの複製様式は、１本の鎖を鋳型にして複製される半保存的複製と示唆していました。ただし、当時は、ＤＮＡの複製のしくみは科学的に明らかになっていなかったので、半保存的複製は、可能性の１つに過ぎませんでした。

ＤＮＡの半保存的複製は、有力な仮説と当時は考えられていましたが、それ以外にも、元の細胞のＤＮＡはそのまま受け継がれ、元のＤＮＡを鋳型にして新たなＤＮＡの二重らせんがつくられる保存的複製や、元のＤＮＡをランダムに分断し、部分部分を複製していく分断的複製が考えられていました。このようなＤＮＡの複製のしくみに関する仮説は、１９５８年にメセルソンとスタールが行った有名な実験によって、半保存的複製に収まることになりました。

半保存的複製という様式は、塩基の相補性という特性を最大限に生かした、正確にゲノムＤＮＡを細胞に継承する優れたメカニズムと思われます。

(2) 断片（フラグメント）をつむぐ複製

ＤＮＡの複製様式は、半保存的複製と明らかになりましたが、元の一本鎖を鋳型（テンプレート）にしてどのように新しいヌクレオチド鎖がつくられるかは、半保存的複製の解明後、しばら

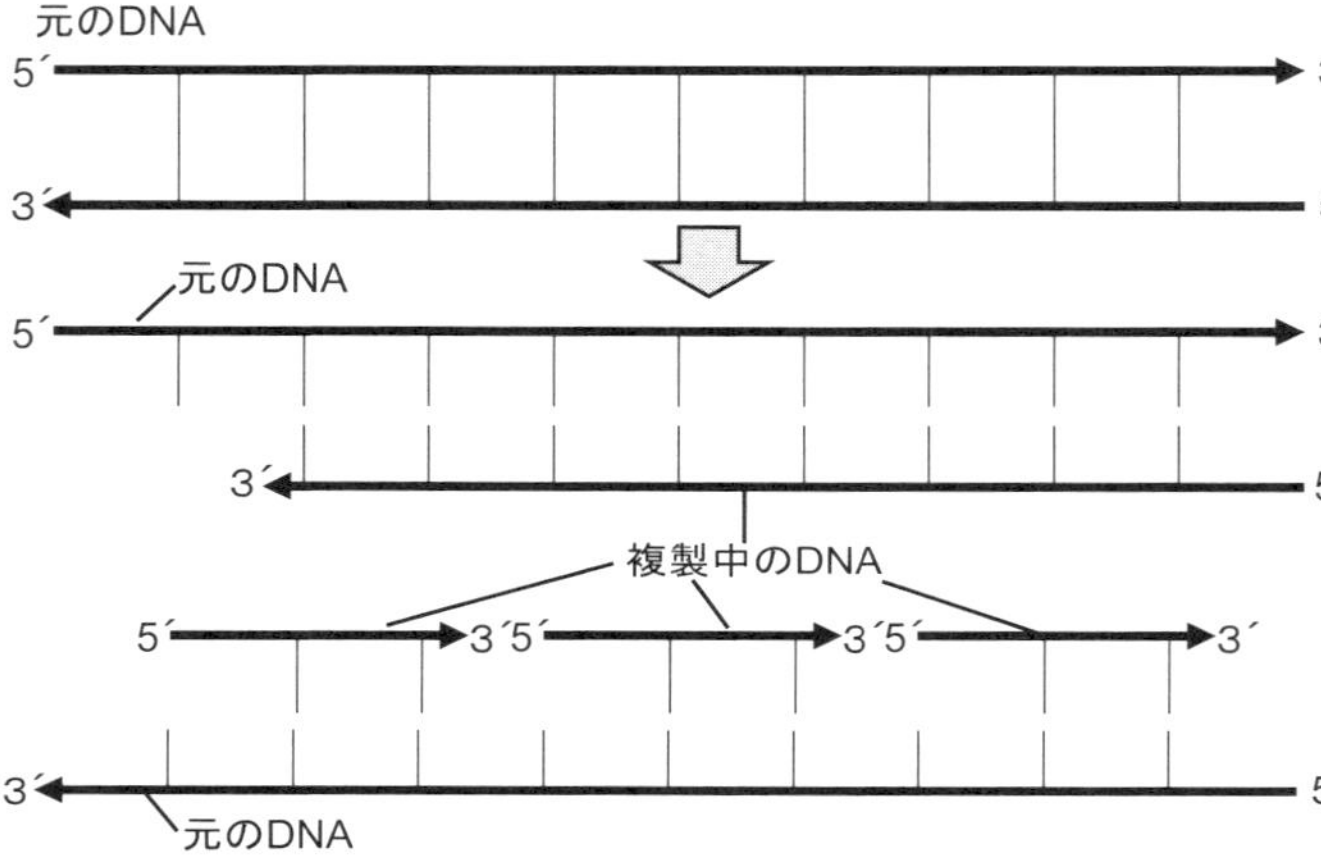

図３　半保存的複製

くはわかりませんでした。

半保存的複製は、１つのヌクレオチド鎖の連続複製ともう１つのヌクレオチド鎖の不連続複製によって進められます。

ＤＮＡの二重らせん構造を構成する２本のヌクレオチド鎖は、互いに逆向きに結合しています。つまり、一方のヌクレオチド鎖の向きが、５′→３′であれば、もう一方の鎖の向きは３′→５′になります。

ＤＮＡが複製されるとき、ヌクレオチド鎖は、ＤＮＡポリメラーゼ（ＤＮＡ合成酵素）と呼ばれる酵素によって合成されていきます。ただし、ＤＮＡポリメラーゼは、５′→３′の向きにしか合成を進めません。３′→５′の方向にはヌクレオチド鎖を合成しないのです。したがって、ＤＮＡの複製は、新しく合成されるヌクレオチド鎖のうちの

1つは、5′→3′の方向で連続的に合成されていきますが、もう1つの新しいヌクレオチド鎖は、DNAポリメラーゼが3′→5′へと働かないので、連続的に合成されません。この場合は、部分的に5′→3′の方向で合成された短いヌクレオチド断片が数多く合成され、その短い断片が最終的に結合して新たなヌクレオチド鎖が合成されることになります。

したがって、DNAの半保存的複製で、元のDNAを鋳型にしてつくられる新しいヌクレオチド鎖は、1つは連続的に複製されますが、もう1つは短いヌクレオチド断片が不連続に複製され、最終的にそれらが結合して複製されます。このような複製様式は、半分が不連続に複製されているため、**半不連続的複製**と呼ばれることがあります。また、不連続複製が起こるときの短いヌクレオチド断片は、発見者の岡崎令治博士の名前をとり、**岡崎フラグメント**と呼ばれます。

(3)　DNAの複製はエラーの修復を担保するしくみが備わっている

ゲノムDNAの複製様式は、半保存的複製で、かつ半不連続的複製です。半保存的複製の特性やメリットは、正確にゲノムDNAを効率よく複製するのに都合のよいシステムと推論して記しました。では、半不連続的複製は、どうでしょうか。なぜあのような一見して無駄の多い、洗練されていないように思える様式なのでしょうか。

半不連続的複製は、DNAポリメラーゼが5′→3′の方向にしか進まないために起こります。生命の長い進化の過程で、逆向きの3′→5′の方向に進むDNAポリメラーゼが出現すれば、半不連続的複製は起こらず、新たに複製されるヌクレオチド鎖は、2本とも連続的に複製されることになったはずです。進化の過程は、目的を持つ何かが意図的に方向を決めるような、合目的的に進むものではなく、偶然の産物ですので、半不連続的複製のシステムが残っている理由、3′→5′の方向に進むDNAポリメラーゼが出現しなかった理由は、わからないし、わかりようがないと思います。ただし、なぜ3′→5′の方向に進むDNAポリメラーゼがないか、推論されており、仮説はあります。

DNAポリメラーゼは、5′→3′の方向にヌクレオチド鎖を合成する働きを持ちますが、同時に、複製エラーによって結合した誤った塩基をもつヌクレオチド鎖を校正し、3′→5′の方向へ分解する働きをもっています。DNAポリメラーゼが5′→3′の方向に進むものしかないのは、複製エラーを校正する機能を保つためという仮説が唱えられています。

つまり、DNAが複製される際、元のヌクレオチド鎖を鋳型にして新しいヌクレオチド鎖が合成されていくとともに、そのとき複製エラーが生じていないか点検も同時に進行し、エラーが生じればすぐさま修正されて正しいヌクレオチド鎖が合成されていくということです。

これはあくまで仮説の1つですが、とても興味深い現象に焦点を当てています。それはDNA

ポリメラーゼには、DNAを合成する機能のほかに、複製エラーを校正する機能をもっているということです。

ゲノムDNAを細胞から細胞へ伝えるしくみとしての**半保存的複製と半不連続的複製**。このしくみは、**ゲノムDNAを正確に伝えるために複製エラーを生じにくいシステムが含まれているし、複製エラーが生じても直ちに校正してエラーを修正するシステムが備わっている**のです。

ゲノムDNAを企業の経営理念、細胞を企業の社員とすれば、DNAの複製は、経営理念を社員に浸透させる取り組みと捉えることができます。生命のもつDNA複製のしくみから、経営理念を社員に浸透させるには、経営理念の間違った理解を修正するしくみが必要だと類推できると思います。

3　社員の規律性と自律性
―環境の変化による遺伝子のONとOFF―

数十兆個あるヒトの細胞には、全く同じ遺伝情報（塩基配列）をもつゲノムDNAが存在しています。私たちヒトは、1個の受精卵が細胞分裂を繰り返して細胞数が増加し、発生過程を経て数十兆個の細胞からできた成体に成長してきます。これらの数十兆個の細胞それぞれに同じ遺伝情報をもつゲノムDNAが存在するのは、1個の受精卵から細胞分裂を繰り返して発生する度に、ゲノムＤＮＡが半保存的複製と半不連続的複製によって正確に伝わっていくからです。

⑴　細胞の種類ごとに働く遺伝子が決まっている。

体を構成するすべての細胞に同じ遺伝情報を持つゲノムＤＮＡは含まれていますが、すべての細胞のゲノムＤＮＡが同じように働いているわけではありません。

ヒトの細胞は約２５０種類あると言われています。その細胞の種類ごとにゲノムＤＮＡのうちのどの遺伝子が働くか（スイッチＯＮになるか）、どの遺伝子が働かないか（スイッチがＯＦＦになるか）が決まっています。全く同じ遺伝情報（塩基配列）をもつゲノムＤＮＡのうちの遺伝子発現が促進される部分、抑制される部分のパターンが決まることによって、同じ種類の細胞群の細胞らしさが決まってきます。

すべて細胞には同じ遺伝情報をもつゲノムＤＮＡがあるのに、細胞の種類によってなぜ遺伝子が働く部分と働かない部分が決まっているのでしょうか。

ゲノムＤＮＡは、核内に保管されているとき、タンパク質に巻きつき、クロマチン繊維を形成すると第３章で書きました。遺伝子のスイッチがＯＮになって遺伝情報に基づくタンパク質が合成されるには、まず、このクロマチン繊維がほどかれ、ＤＮＡがむき出しになって遺伝情報を読み取られやすい状態にならなければなりません。

クロマチン繊維を構成するタンパク質に、ある化学物質が結合する（化学修飾と言います）と、クロマチン繊維がほどかれやすくなったり、ほどかれにくくなったりします。そのようにして遺伝子のスイッチがＯＮになったりＯＦＦになったりします。

その他にも、ＤＮＡの特定の部位に化学物質が結合することによって遺伝子発現が抑制される場合もあります。その一方で、遺伝子のスイッチがＯＮになる現象は、遺伝子のスイッチをＯＦＦにする化学物質とは別の化学物質が結合することで起こります。

(2) 外部環境の影響も遺伝子発現制御に影響する

１個の受精卵から細胞分裂を繰り返して成体へと発生する段階において、細胞ごとにどの遺伝子のスイッチがＯＮになるかＯＦＦになるかは決まっています。これらは受精卵に含まれる母親由来の細胞質に含まれる物質（母性因子）の影響によってまずはスイッチがＯＮになる遺伝子が働き、その後、それらの遺伝子によってつくられた物質が、次の細胞内で特定の遺伝子のスイッチをＯＮにし、特定の遺伝子のスイッチをＯＦＦにします。このような受精卵の母性因子から始まる、プログラムされた遺伝子発現制御の段階的な現象の繰り返し、時間空間的な遺伝子発現制御によって、生物の種ごとの成体がつくられていくのです。

発生段階ごとの細胞内の遺伝子発現制御は、受精卵のとき（その前の受精前の卵細胞のとき）

からプログラムされています。ただし、それ以外にも外部環境の要因が遺伝子発現に影響を及ぼすこともあります。

具体的な例を示しますと、生まれたのち、異なる環境で育った一卵性双生児は、それぞれ身長や体型などに差が生じることがあります。ヒト以外にも、挿し木、接ぎ木などで増殖した植物も、生育環境が異なれば、生育状態が異なってきます。

一卵性双生児のそれぞれの個体のもつゲノムDNAは、全く同じです。挿し木、接ぎ木で増殖した植物も、もとの植物とゲノムは全く同じで、クローン植物です。同じゲノムDNAをもち、母性因子もほぼ同じなのにもかかわらず、生育環境によって形態に差が生じるのは、外部環境の影響によって細胞内の遺伝子発現が、プログラムされた遺伝子発現制御とは別にコントロールされているからと考えられます。

一個体の多細胞生物のすべての体細胞には同じ遺伝情報をもつゲノムDNAが存在します。にもかかわらず、どの遺伝子のスイッチがONになるかOFFになるかは細胞の種類ごとにプログラムされており、外部環境の影響によってもその制御は変化します。

このような遺伝子発現制御のしくみを企業内の活動にたとえるならば、経営理念に基づく経営活動は、社員ごとに会社からある程度の指示がありますが、状況に応じて社員の判断で経営理念を解釈し、活動することを許されているように捉えることができるように感じます。生物に備わる遺伝子発現制御は、企業内の社員に経営理念を浸透させる取り組みにおいて、経営理念に沿うことを求められる規律性と、状況に応じて社員が独自に経営理念を解釈した行動を許される自律性が必要なのではないかと考えさせられます。

4　経営理念を社員に浸透させ、社員の自律性を大事にする企業

ゲノムＤＮＡの複製様式と細胞内の遺伝子発現制御について、これまで解説したことをまとめますと、次のような特徴がみられます。

① ＤＮＡの複製は、半分は元の細胞のＤＮＡが残り、半分は新たに合成される半保存的複製である。

② 複製時、新たに合成されるヌクレオチド鎖は、１つは連続的に合成され、１つは短いヌクレオチド断片がつくられ、それが結合して不連続に合成される半不連続的複製である。

③ 半保存的複製は、複製エラーを生じないような効率のよいシステムになっており、半不連続的複製は、複製エラーを校正し、修正するシステムが備わっている。

④ 多細胞生物の体をつくる細胞にはすべて同じ遺伝情報をもつゲノムＤＮＡが存在するが、そのうちどの遺伝子がスイッチＯＮになるかＯＦＦになるかは、細胞の種類ごとにプログラ

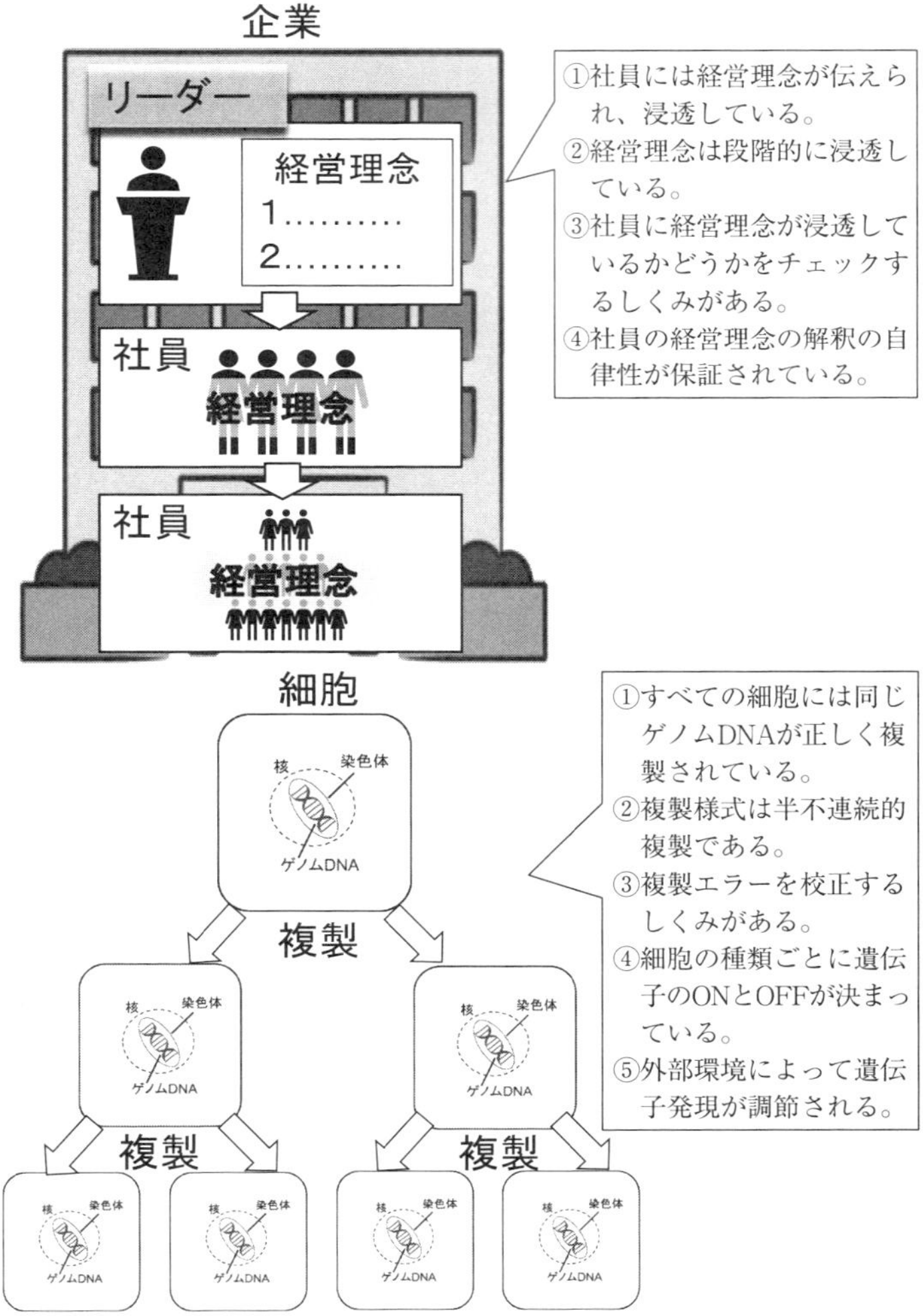
企業
リーダー
経営理念
1……….
2……….
社員
経営理念
社員
経営理念
①社員には経営理念が伝えられ、浸透している。
②経営理念は段階的に浸透している。
③社員に経営理念が浸透しているかどうかをチェックするしくみがある。
④社員の経営理念の解釈の自律性が保証されている。
細胞
核
染色体
ゲノムDNA
複製
複製
複製
①すべての細胞には同じゲノムDNAが正しく複製されている。
②複製様式は半不連続的複製である。
③複製エラーを校正するしくみがある。
④細胞の種類ごとに遺伝子のONとOFFが決まっている。
⑤外部環境によって遺伝子発現が調節される。

図４　社員は細胞

ムされている。

⑤　細胞内の遺伝子発現は外部環境の影響を受けてコントロールされることもある。

ゲノムＤＮＡの複製は経営理念の社員への浸透の取り組みであり、遺伝子発現制御は経営理念に基づく社員の活動と捉えると、持続的に成長し続ける企業の経営理念の浸透のしくみや、社員の経営理念に基づく行動基準には、次のような特徴が導き出されると考えます。

①　経営理念は社員に正確に伝えるとともに、浸透しているかどうかをチェックするしくみを機能させている。

②　経営理念は、社員にそれに基づく活動をさせながら段階的に浸透させている。

③　経営理念が浸透した社員には、状況に応じた独自の判断での経営理念の解釈を許し、それに基づく自主的な行動ができるしくみが備わっている（社員の自律性が保証されている）。

以上のような社員に経営理念を浸透させるしくみや、社員の経営理念に基づく行動基準を備えた企業には、どのような企業があるのでしょうか。

(1)　経営理念を浸透させるよくある取り組み

経営理念を社員に浸透させるには、どのような方法が効果的でしょうか。

第2章で紹介したジョンソンエンドジョンソンのクレドのように、それが起草されたストーリーや、タイレノール事件のような経営理念に基づく出来事を社内で共有することはとても効果があると思います。また、第3章で紹介したソニー創業者の井深大のように、リーダー自らが経営理念を率先垂範する方法もとても効果があると思います。ただ、それらは、トップダウン的な方法で、どうしても社員にとっては、会社から命じられた押し付けがましい取り組みの感が否めず、それだけでは社員が経営理念に共感を抱くかといえば、必ずしもそうならない場合もあるかと感じます。

経営理念のストーリーを語ったり、リーダーが率先垂範したりする方法以外に、よく行われている取り組みとしては、経営理念を社内に掲示して常に社員の目に触れさせたり、経営理念を朝礼で唱和させたり、あるいは経営理念を記したカードや手帳を配布し常時携帯させたりといったことが行われています。

これらの方法は、社員が経営理念を身近に感じられる機会をつくる上で、効果はあるかと思います。ですが、残念なのは、これらの方法に安心するのか胡坐をかくのか、結局、やりっぱなしで肝心の経営理念が社員に浸透しているかどうかを確認することを行っていないケースがあまりにも多くみられることです。朝礼で経営理念を唱和し、経営理念を記したカードを配れば、当たり前のように社員は経営理念を覚えるだろう、理解するだろう、浸透して仕事をするだろうなどと勝手に盲信している企業があまりにも多いように感じます。そのような企業は、経営理念を社員に浸透させるという本来の目的からはずれ、経営理念の唱和、経営理念を記したカードの配布という方法を行使することが目的になっているのです。**手段が目的化**していると思っています。

手段が目的化している状態は、ＤＮＡの複製様式からすれば、半保存的複製ではなく、保存的複製または分散的複製のような方法を行っているような状態と私は考えます。「経営理念（ゲノムＤＮＡ）を完全に複製して（形式だけ覚えて）ね。複製エラー（誤った解釈による経営理念の行使）があっても知らないよ。自力でなんとかしなさい」と言わんばかりの方法で、経営理念が社員ひとりひとりの心に深く刻み込まれているか、それをもとに行動できるかを確認し、フィードバックするしくみがないですよね。そのしくみがあってこそ、経営理念は本当の意味で社員に浸透すると思います。

(2)　ザ・リッツ・カールトンの経営理念（ゴールドスタンダード）とラインナップ

ザ・リッツ・カールトンは、世界規模でチェーン展開するホテルブランドです。このホテルグループの全世界の社員は、アルバイトを含め、同社のサービスの基本哲学や行動基準、価値観など、経営理念すべてが記された「クレドカード」を携帯しています。

ザ・リッツ・カールトンのクレドカードには、「クレド」「サービスの３ステップ」「モットー」「サービス・バリューズ」「従業員への約束」から構成されています。このような同社の企業理念は〝**ゴールドスタンダード**〟と呼ばれています。

ザ・リッツ・カールトンのゴールドスタンダードと呼ばれる経営理念は、全世界のグループ従業員に浸透しており、ゴールドスタンダードに従ったサービスを提供することを最も重要視している企業として有名です。ジョンソンエンドジョンソンと同じように、クレドを顧客満足、従業員満足、経営品質向上に効果的に活用している好例として広く知られています。

私事ですが、ザ・リッツ・カールトン大阪に宿泊したとき、スタッフの一人にクレドカードを見せていただきました。スタッフの方は、快く見せてくれただけでなく、クレドに記されている内容を丁寧に説明してくれました。そして、クレドカードに記されているゴールドスタンダードに基づいたサービスをお客様に提供することにとても誇りを持っているように見受けました。

ザ・リッツ・カールトンのクレドカードの中で、特に従業員の行動指針を記しているものが、14の項目からなる「サービス・バリューズ」です。これは、冒頭の「私はリッツ・カールトンの一員であることを誇りに思います」という宣言から始まり、最初の項目、「1．私は、強い人間関係を築き、生涯のリッツ・カールトンゲストを獲得します」から、以降14の行動指針が記されています。

ザ・リッツ・カールトンは、クレドカードの「サービス・バリューズ」の実践に常に細心の注意を払っており、「サービス・バリューズ」の行動指針が社員の心の中に浸透する取り組みが行われています。それは、毎朝、各部署で必ず行われる始業前のミーティングです。同社では、このミーティングを**ラインナップ**と呼んでいます。

同社のラインナップでは、クレドカードに記されている14の「サービス・バリューズ」を唱和するようなことはしません。その代わりに、部門のマネージャーからアルバイトに至るまで、1項目ずつの行動指針を昨日はどのように実践したか、どのように実践すべきかが話し合われます。そして、部門内の成功事例を共有したり、他の部門やグループ内の他のホテルの成功事例などを共有し、参考にしたりして、具体的な業務への実践に落とし込むようにしています。このようなクレドの活用事例の共有をすることで、どのようにクレドを実践すべきか、何がクレドに基づいた行動で何がクレドに反した行動かを日々理解することができます。

同社のゴールドスタンダードを浸透させるラインナップは、経営理念の誤った浸透を是正し、経営理念に基づく行動を心底浸透させる方法ではないかと思います。

(3)　経営理念を自主的な判断で行動するしくみ ─ エンパワーメント ─

ザ・リッツ・カールトンでは、クレドに基づいて従業員の自主的な行動を行うことが許されています。これは、「サービス・バリューズ」の「5．私は、お客様のリッツ・カールトンでの経験にイノベーション（革新）をもたらし、よりよいものにする機会を常に求めます」や、「6．

私は、お客様の問題を自分のものとして受け止め、直ちに解決します」にも当てはまる行動と言えます。同社の従業員には、そのようなエンパワーメント（権限移譲）が与えられているのです。

具体的に従業員には、1日2000ドルの決裁権が与えられています。「サービス・バリューズ」に基づいて、お客様の問題を解決するために、1日2000ドルまでは自由に使ってもよいとされています。

同社のエンパワーメントには、いくつかの都市伝説に近いエピソードがあります。たとえば、ザ・リッツ・カールトン大阪に宿泊してチェックアウトの日に関西国際空港から海外へ帰国される外国のお客様が航空チケットを部屋に忘れたことがありました。それに気づいたスタッフは、迷わずタクシーに飛び乗り、関空まで駆け付け、お客様にチケットを渡したとか。あるいは、同じザ・リッツ・カールトン大阪に宿泊した東京の大学教授が、その日に東京で使う講演用の原稿とメガネをホテルに忘れたまま、新幹線に乗ってしまったことがありました。やはりそれに気づいたスタッフが、その原稿とメガネを持って、新幹線に乗って追っかけ、東京駅で教授に渡し、事無きを得たとか。そんなエピソードが多く知られています。

ザ・リッツ・カールトンのゴールドスタンダードとラインナップという取り組みは、持続的に成長し続ける企業に備わる、経営理念を社員に浸透させるしくみの条件が満たされていると思います。また、エンパワーメントは、状況に応じて経営理念を独自に判断・解釈し行動する社員の自律性が保証されているしくみと捉えることができます。

5　第4章のまとめ ― 経営理念を社員に浸透させる方法 ―

持続的に成長する企業に備わる経営理念を社員に浸透させるしくみについて、まとめてみましょう。それは、次のような特徴が備わっています。

① 経営理念は社員に正確に伝えるとともに、浸透しているかどうかをチェックするしくみを機能させている。
② 経営理念は、社員にそれに基づく活動をさせながら段階的に浸透させている。
③ 経営理念が浸透した社員には、状況に応じた独自の判断での経営理念の解釈を許し、それに基づく自主的な行動ができるしくみが備わってる（社員の自律性が保証されている）。

これらを踏まえ、経営理念を社員に浸透させる効果的な方法を記します。

(1)　自社を持続的に成長する企業にしたい経営者へ

経営理念を正確に社員に伝えるため、カードや手帳など明文化したものを社員に配布してください。それらが携帯されているかを部署ごとにチェックするしくみを備えてもよいと思います。

ただ単に経営理念を明文化したツールを配ったり朝礼で経営理念を唱和したりしても、社員に経営理念は深く浸透することは難しいと思います。ザ・リッツ・カールトンのラインナップのように、社員が経営理念に沿ったどのような素晴らしい行動をとったか、部署ごとにチェックし、称賛してください。そうすれば、段階を追って経営理念が社員に浸透することになります。

社員には、経営理念に対する独自の判断を許容し、経営理念に基づいた自主的な行動を一定の範囲で許してください。限度を設けてエンパワーメント（権限移譲）を認めてください。社員の自律性を保証してください。ただし、自由放任するのではなく、自主的な行動を社員が行ったのちは、その確認のため、社員からの報告を求めてください。

(2) これから持続的に成長する企業創りを目指す起業家へ

これから起業する場合は、社員がいない状況が大半ですので、仲間や協力者とともに起業前に経営理念を浸透させる方法について語り合ってください。少なくとも、ともに起業する仲間には、経営理念を明文化したツールを配布し、共有化してください。

持続的に成長する企業は、従業員に経営理念に基づく行動を求めるとともに、状況に応じて独自に判断し、行動するエンパワーメントも備わっています。このような経営理念に対する規律性と社員の自律性の良好なバランスが保たれている企業が、持続的に成長する企業とも言えるのではないかと思えます。

ザ・リッツ・カールトンにみられる社員のエンパワーメントは、企業のマーケティングの上でも、新たな価値を創造するイノベーションの面でも、機能をしていると考えています。次章では、社員の自律性が、企業のマーケティングとイノベーションに効果的に貢献するか、生命の持つ巧みなシステムを探求しながら考えてみましょう。

第5章

新たな価値を創造し、顧客に提供し続ける企業

―葉緑体とミトコンドリアの機能から考える―

「人の作る組織にとって、言われたことしか実行しない部下は役に立たないどころか組織の命取りになる。こういうタイプの人間が増えれば増えるほど、その組織は発展していく力を失っていく。」（ジーコ）

「マーケティング上のイノベーションは日時や場所を特定して生み出せるようなものではない。マーケティング部門で、そして企業全体で、日常的にアイデア創出の努力がされなければ不可能だ。」（ピーター・ドラッカー）

1　イノベーターは葉緑体、マーケッターはミトコンドリア

生物が生物である理由の1つに、エネルギー変換能力があります。私たちヒトを含めた生物は、自らの力でエネルギーを吸収し、別のエネルギーに変換し、それを活用することができます。

細胞のレベルで考えると、エネルギー変換に関わる細胞小器官には、葉緑体とミトコンドリアがあります。

葉緑体は、植物や藻類など、光合成を行う生物の細胞に存在する、5～10μmほどの凸レンズ型をした細胞小器官です。光エネルギーを吸収し、有機物を合成して化学エネルギーに変換します。

ミトコンドリアは、真核生物の細胞にある細胞小器官で、網目状の形をしています。細胞内の好気呼吸を行う場で、化学エネルギーを持つ有機物を分解し、ＡＴＰという高エネルギーを持つ化学物質を合成することでエネルギーを放出しています。

ピーター・ドラッカーは、「企業の目的は顧客の創造であることから、企業には2つの基本的な機能が存在することになる。すなわち、マーケティングとイノベーションである」と著書で記

しています。

イノベーションとマーケティングは企業の基本的な機能であり、持続的に成長する企業は、常にイノベーションを創出し、マーケティングによって顧客に価値を提供し続けています。持続的に成長する企業の特性の1つとして、「常に市場に新たな価値を提供している企業」が挙げられます。それを生物の特性に当てはめれば、エネルギーを変換し続けて生命活動を行っている生物にたとえられます。

生物を企業と捉えれば、光エネルギーを吸収して化学エネルギーに変換する葉緑体は、イノベーションを創出する役割を果たしていると考えられます。また、好気呼吸によって有機物を分解してエネルギーを放出するミトコンドリアは、市場の動向を分析し、ターゲットとなる顧客に的確な価値を届けるマーケティングの役割を担っていると捉えることができます。つまり、葉緑体はイノベーター、ミトコンドリアはマーケッターということです。

(1) 葉緑体もミトコンドリアも元は微生物と考えられている

真核細胞に存在する葉緑体とミトコンドリアの起源は、いずれも原核生物が大型の細胞に入り込み、共生してできたものと考えられています。これを細胞内共生説と言います。細胞内共生説は、現在ではほぼ定説と考えられていますので、本書でもその立場で葉緑体とミトコンドリアの起源を説明することにします。

葉緑体は、大型の細胞に共生したラン藻類（シアノバクテリア）の一種が起源と言われています。一方、ミトコンドリアの起源は、大型の細胞に共生した好気性細菌と考えられています。

葉緑体もミトコンドリアも、創業して成長軌道に乗りつつある時期の企業に就職してきた、イノベーション能力の高い社員、またはマーケティングセンスのある社員とたとえることができるでしょうか。

(2)　葉緑体とミトコンドリアには、それぞれ核ゲノムとは別のゲノムがある

細胞内共生説には、いくつかの科学的根拠があります。その1つは、葉緑体もミトコンドリアも、核内にあるゲノムDNAとは別に独自のゲノムDNAを持っていることです。それぞれ**葉緑体ゲノム**、**ミトコンドリアゲノム**と呼ばれています。

独自のゲノムDNAを持つ葉緑体とミトコンドリアでは、そのゲノムDNAの遺伝子が発現し、葉緑体とミトコンドリアの機能に関わるタンパク質を合成します。タンパク質が合成されるので、葉緑体とミトコンドリアには、タンパク質合成の場となっているリボソームが存在します。

このように、葉緑体とミトコンドリアは、細胞内にある細胞小器官でありながら、独自のゲノ

ムを持ち、そのゲノム内の遺伝子を発現させることによって本来の機能を果たしています。あたかも細胞内に共生する別の細胞のような振る舞いをしており、これが細胞内共生説の根拠の1つになっているのです。

(3) 葉緑体とミトコンドリアのゲノムは進化の過程で一部が核ゲノムに移動している

真核細胞内の葉緑体の起源はシアノバクテリア、ミトコンドリアの起源は好気性細菌と考えられています。シアノバクテリアや好気性細菌が、大型の細胞に入り込み、長い進化の過程で、それぞれ葉緑体とミトコンドリアになるのですが、その過程で、核のゲノム、葉緑体とミトコンドリアのゲノムも変化しています。

核、シアノバクテリアと葉緑体、好気性細菌とミトコンドリアそれぞれのゲノムを比較・分析すると、シアノバクテリアのゲノムは、進化の過程で大部分が核ゲノムに移動し、光合成の主要な働きに関わる遺伝子が葉緑体ゲノムに残っていることがわかりました。ミトコンドリアゲノムも同じように、進化の過程で好気呼吸に関わる主要な遺伝子を除き、大部分が核ゲノムに移動していくことが明らかになっています。

これは、細胞に共生したシアノバクテリアや好気性細菌が、自律性をほとんど奪われ、宿主である細胞の遺伝的制御下に置かれたように捉えられます。ただ、一方で、宿主細胞の制御下に置かれつつも、他の細胞小器官が持てない自律性を保っているとも考えられます。なぜなら、葉緑体もミトコンドリアも細胞から外れて単独では生きていけませんが、一方で、植物細胞は葉緑体がなければ光エネルギーを吸収して化学エネルギーに変換できないし、真核細胞はミトコンドリアがなければ好気呼吸を行ってエネルギーを放出することができず、生きていけないからです。つまり、宿主の細胞も葉緑体、ミトコンドリアも、双方がなければ単独で生きていけない、互恵関係にあると言えます。

葉緑体をイノベーター、ミトコンドリアをマーケッター、核を経営者と捉えると、イノベーターやマーケッターは、入社後、経営者の経営理念に従う規律性を要求されますが、一定レベルで自律的に働くことを許容されていると考えることができます。そして、宿主細胞と葉緑体、ミトコンドリアの関係から、会社は、常にイノベーションを創出するイノベーターや、マーケティング戦略を策定する優秀なマーケッターが存在しなければ生きて行けず、イノベーターやマーケッターも会社の中、卓越したリーダーの下でしか実力を存分に発揮できないと捉えることができます。

生物のエネルギー変換機能を担っている主な細胞小器官は、葉緑体とミトコンドリアです。葉緑体とミトコンドリアの機能を探求することで、持続的に成長する企業のイノベーションとマーケティングの在り方を考察してみましょう。

2 イノベーターの自主的な活動が経営を活性化する

―葉緑体の自律性と核の制御―

葉緑体の起源は、大型の細胞（原核細胞）に共生したシアノバクテリアと考えられています。そして、進化の過程で、シアノバクテリアの核ゲノムの大部分は、宿主の細胞の核ゲノムに移動したと書きました。それでは、核ゲノムと葉緑体ゲノムの役割は、どのように分かれているのでしょうか。

(1) 葉緑体ゲノムには光合成の主要な反応に関わる遺伝子しか残っていない

葉緑体ゲノムは、植物の種によって異なりますが、１００～２００の遺伝子があると言われています。シアノバクテリアの遺伝子数が３０００～４０００と考えられていますので、ほとんどの遺伝子が宿主細胞の核ゲノムに移動していることがわかります。

葉緑体ゲノムの１００～２００の遺伝子の主要なものは、光合成の初期反応に関わる遺伝子になっています。葉緑体ゲノムの大半は、核ゲノムに移動しましたが、これが働かなければ光合成が動かないといった肝心の主要な遺伝子は、葉緑体ゲノムにしっかり残っていることがわかります。

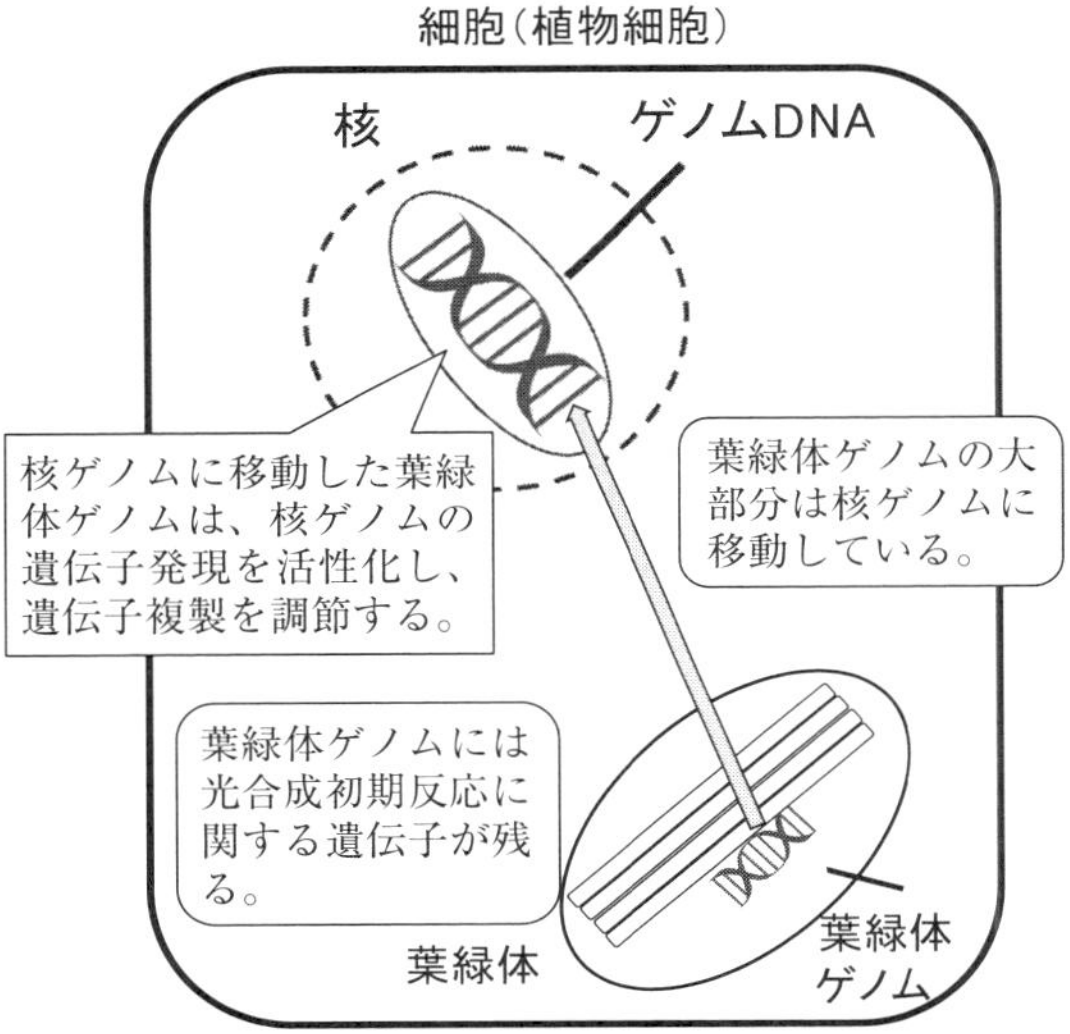

図５　核ゲノムと葉緑体ゲノム

葉緑体を会社のイノベーターとたとえると、入社とともに会社の規則に従って製品開発を進めるけれども、自分自身の製品開発に対する矜持や職業的自尊心をしっかり持っていてそれに従って製品開発に従事するイノベーターと捉えることができます。

(2)　核ゲノムに移動した葉緑体ゲノムは、核ゲノムの遺伝子発現を活性化していた

核ゲノムに移動した大部分の葉緑体ゲノムは、その後、どのような役割を果たすのでしょうか。これに関して、イネの葉緑体ゲノムと核ゲノムを分析した結果、それらの関係が明らかになっ

てきました。

長い進化の過程で、葉緑体ゲノムは、頻繁に核ゲノムへ取り込まれ、その核ゲノムの中で細分化されて核ゲノムの中に散らばり、やがて核ゲノムから排出されていく運命をたどっていることがわかりました。ただし、最終的に排出されるとは言っても、現存するイネの核ゲノムには、700か所も葉緑体ゲノムの断片が残っています。

核ゲノム内の700か所に存在する葉緑体ゲノムの断片は、それだけではほとんどが役に立たないものですが、研究結果から、核ゲノム内の遺伝子の転写開始に関与する役割をしているものが多いことがわかりました[1]。

つまり、核ゲノムに取り込まれた葉緑体ゲノムは、それだけでは機能しないものですが、核ゲノムの遺伝子発現になくてはならない存在となっているということなのです。

葉緑体を会社のイノベーターと考えれば、このような核ゲノムに取り込まれた葉緑体ゲノムの役割は、自身の製品開発に取り組む姿勢が会社の経営面での成長軌道に影響を及ぼしているイノベーターの姿と捉えることができます。

(3) 葉緑体ゲノムは核ゲノムの遺伝子複製そのものを調節することもある

核ゲノムに取り込まれた葉緑体ゲノムの断片は、核ゲノムの遺伝子発現を活性化させていると前に書きました。それとは別に、現存の葉緑体ゲノムが核ゲノムの遺伝子の複製をコントロールしているという報告もあります。[2] こうなってしまうと、宿主細胞と葉緑体の共生関係は、どちらが主でどちらが従かわからなくなってしまいます。

このような生命現象は、イノベーター（葉緑体）の活発な活動による製品（タンパク質）が、経営理念（核ゲノム）の浸透・拡散を活性化し、企業（細胞）の成長を促進する姿と捉えることができます。

3　マーケッターの自律性も経営を活性化させる
―ミトコンドリアの自律性と核の制御―

ミトコンドリアの起源は、大型の細胞（原核細胞）に共生した好気性細菌と考えられています。葉緑体と同じように、現存のミトコンドリアゲノムは、長い進化の過程で、大部分が宿主の細胞の核ゲノムに取り込まれました。核ゲノムとミトコンドリアゲノムとの関係を見ながら、ミトコンドリアの役割と、そこから類推されるマーケッターの在り方を見てみましょう。

(1) ミトコンドリアゲノムには呼吸の主要な反応に関わる遺伝子しか残っていない

ミトコンドリアゲノムに含まれる遺伝子数は、ヒトでは37、陸上植物では100程度と言われています。好気性細菌のゲノムから大部分が核ゲノムに取り込まれたため、こんなに少なくなったのでしょう。

遺伝子数がとても少ないミトコンドリアゲノムですが、遺伝子の役割を見ると、好気呼吸の主要な反応経路にかかわるものが残っているようです。

イノベーター（葉緑体）と同じように、マーケッター（ミトコンドリア）も、核ゲノム（会社の経営理念）に従うだけでなく、自律性や職業的自尊心を持ってマーケティング活動を行っていると捉えることができます。

(2) ミトコンドリアゲノムの変異は生命体の寿命や代謝にも影響を及ぼす

葉緑体ゲノムは、光合成を行う植物や藻類などの細胞にしかありませんが、ミトコンドリアゲノムは、私たちヒトを含め、すべての真核生物の細胞に核ゲノムとともに存在しています。マウスを用いた研究から、細胞内の核ゲノムの塩基配列は変化しなくても、ミトコンドリアゲノムの塩基配列が少しでも変化すると、ミトコンドリアの機能だけでなく、マウスの健康や老化に影響を及ぼしていることがわかりました。

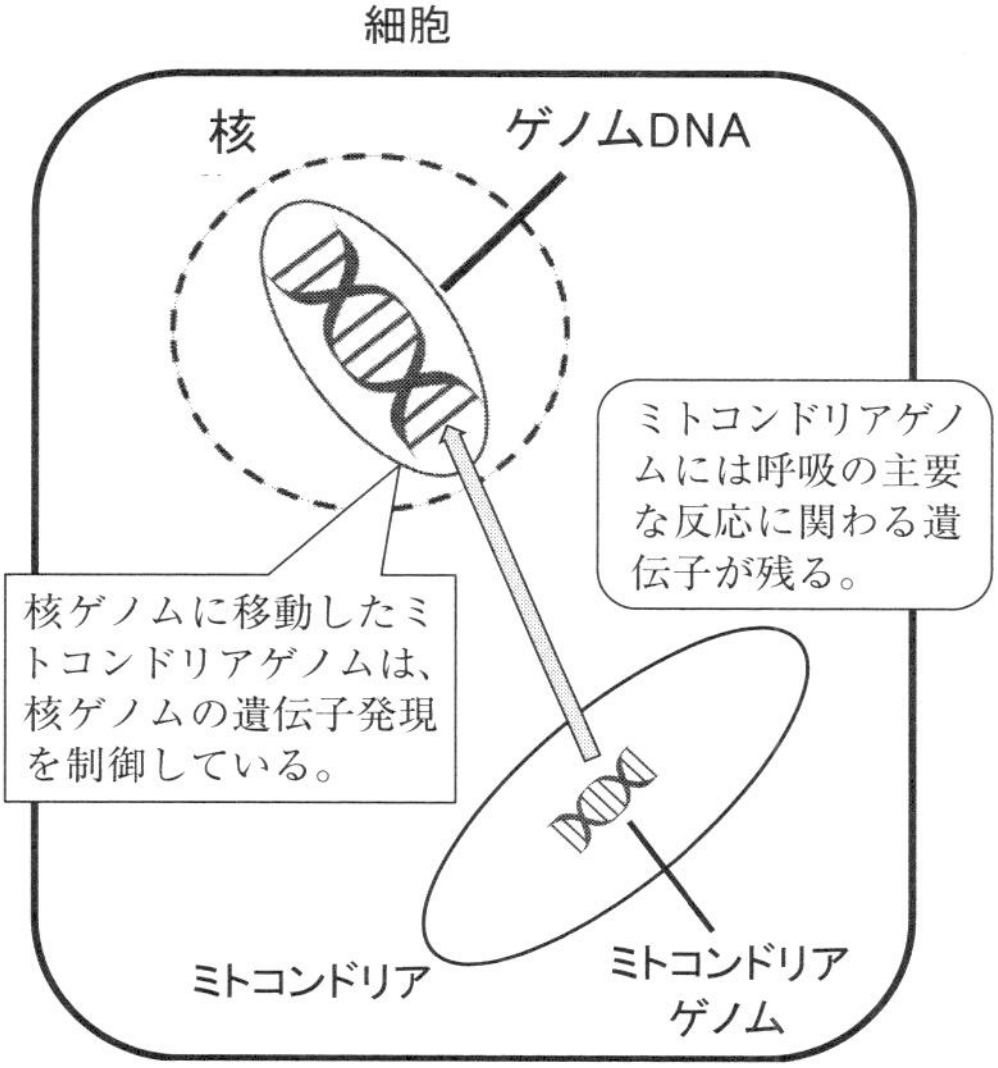
細胞
核
ゲノムDNA
ミトコンドリアゲノムには呼吸の主要な反応に関わる遺伝子が残る。
核ゲノムに移動したミトコンドリアゲノムは、核ゲノムの遺伝子発現を制御している。
ミトコンドリア
ミトコンドリアゲノム

図６　核ゲノムとミトコンドリアゲノム

これは、企業（細胞または生命体）の中でのマーケッター（ミトコンドリア）の価値観や信念、認知、捉え方（ミトコンドリアゲノム）にぶれが生じたり、何かしら良くない方向に変化したりすると、会社の経営理念（核ゲノム）に影響を及ぼさなくても、マーケティング活動・戦略（ミトコンドリアの機能）に影響を及ぼし、ひいては会社の業績（生命体の健康・寿命）に大きな影響を及ぼすと類推することができるでしょうか。

(3) ミトコンドリアゲノムは核ゲノムの遺伝子発現を制御している

現存の葉緑体ゲノムが核ゲノムの遺伝子の複製をコントロールすると書きましたが、現存のミトコンドリアゲノムも核ゲノムの遺伝子発現を制御しているという研究結果も報告されています[3]。葉緑体ゲノムと同じように、宿主細胞とミトコンドリアとの共生関係は、どちらが主でどちらが従かわからなくなってしまいますね。生命体の遺伝子発現やそれによって現れる形質は、核ゲノムの遺伝子発現だけでなく、核ゲノムと葉緑体やミトコンドリアのそれぞれのゲノムとの共同作業によるのでしょう。

このような生命現象は、マーケッター（ミトコンドリア）のマーケティングによって顧客に提供する商品・サービスが、経営理念（核ゲノム）に沿った経営活動に影響を及ぼし、企業（細胞または生命体）の繁栄・衰退・停滞を左右すると捉えることができます。

4 イノベーターとマーケッターの自律性を大事にする企業

葉緑体とミトコンドリアの働きやそれぞれのゲノムの特徴と役割について、まとめますと、次のようになります。

① 葉緑体とミトコンドリアには、それぞれ核ゲノムとは別のゲノムがある。

②　葉緑体ゲノムとミトコンドリアゲノムには、それぞれの主要な反応に関わる遺伝子しか残っていない。

③　葉緑体ゲノムもミトコンドリアゲノムも、核ゲノムの遺伝子発現の調節に関わっている。

葉緑体の働きを企業のイノベーション、ミトコンドリアの働きを企業のマーケティングと捉えると、持続的に成長する企業のイノベーションとマーケティングの活動、イノベーターとマーケッターの役割は、次のような特徴が備わっていると考えられます。

①　企業のイノベーションとマーケティング活動は、企業の経営理念に基づきつつ、各部署が独自に持つ理念や矜持に沿って行われている。

②　イノベーションとマーケティングの部署は、一定レベルの自律性が保証されている。

③　企業のイノベーションとマーケティング活動は、企業の経営理念に基づく経営活動をコントロールする役割を備えている。

以上のような、イノベーターとマーケッターの特徴や役割を担保し、経営活動をしている企業の取り組みには、どのようなものがあるでしょうか。

(1) 大企業がイノベーションを起こす構造的なしくみ

イノベーターとマーケッターの自律性を担保する企業の取り組みを記す前に、企業内でイノベーションが起こる構造的なしくみについて記しておきます。これについては、私が持論を論じるよりも、イノベーション研究の優れた経営学者が秀逸な著書を著しているので、そこから多くを引用し、論じたいと思います。

イノベーション研究の専門家、武石彰、青島矢一、軽部大の三名は、優れた技術革新に与えられる大河内賞を受賞したイノベーションの事例を緻密に分析し、その研究成果を、『イノベーションの理由―資源動員の創造的正当化』という著書にまとめました。以降の記述は、「イノベーションの理由」の研究内容を紹介した中野剛志著の『真説・企業論』を参考しています。

『イノベーションの理由』では、大企業には、イノベーションを起こすのに好都合な4つの環境条件が備わっていると書かれています。その4つの環境条件とは、

1 大規模な企業組織は、企業のトップに強大な権限が与えられているため、イノベーションの推進者は企業のトップの同意を得られれば、必要な資源を組織内部から得られることが可能である。

2 伝統ある企業組織は、たいてい、単純な営利目的を超えた組織固有の価値観を持っており、これがイノベーションを正当化する理由になる。

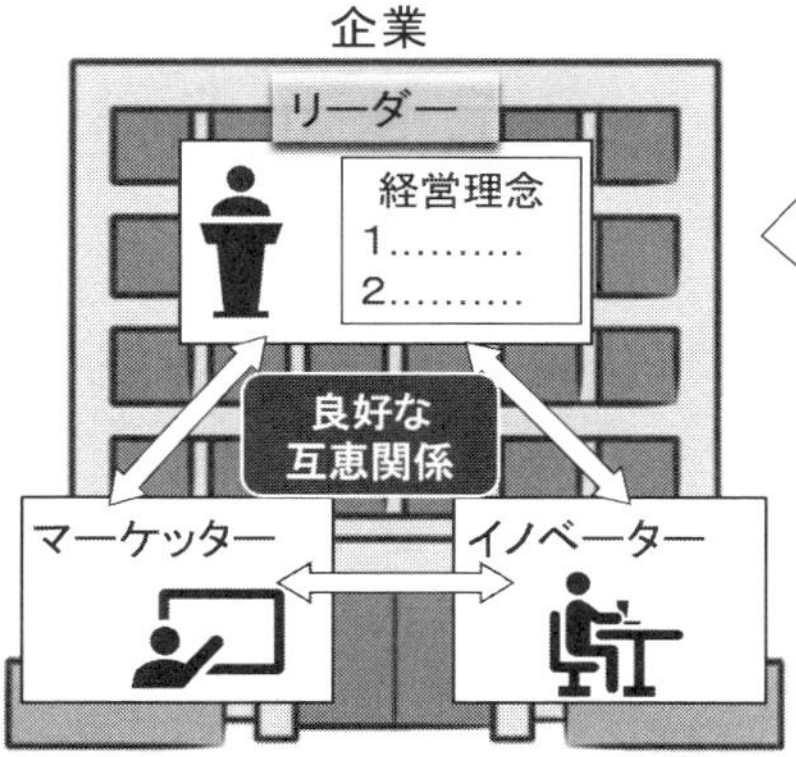

①イノベーションとマーケティングは、経営理念に基づきつつ、各部署の独自の理念に沿って行われる。
②イノベーションとマーケティングの部署には自律性が保証されている。
③イノベーションとマーケティングは経営理念に基づく経営活動をコントロールしている。

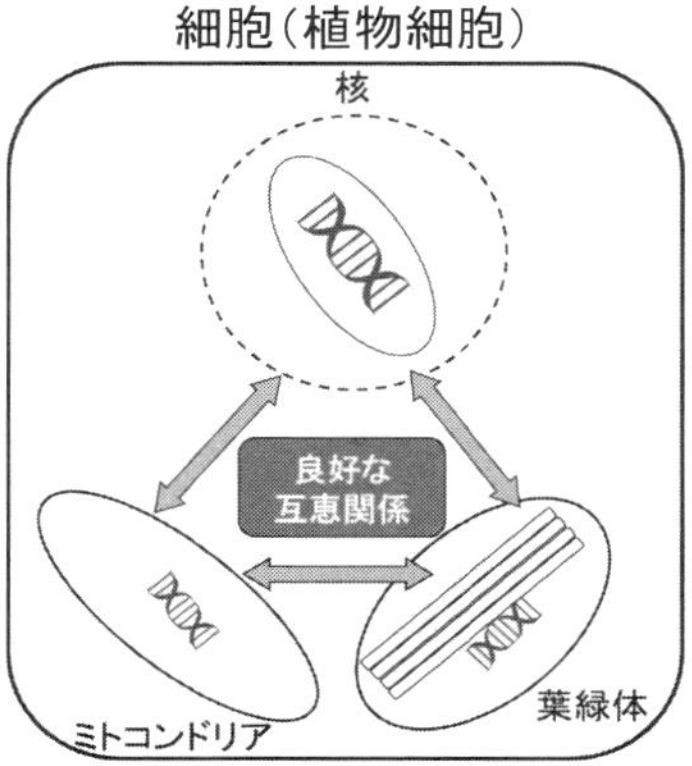

①葉緑体とミトコンドリアには、それぞれ核ゲノムとは別のゲノムがある。
②葉緑体ゲノムとミトコンドリアゲノムには、それぞれの主要な反応に関わる遺伝子しか残っていない。
③葉緑体ゲノムもミトコンドリアゲノムも、核ゲノムの遺伝子発現の調節に関わっている。

図７　葉緑体はイノベーター、ミトコンドリアはマーケッター

3　大企業では、組織メンバーがいつも一緒に働いているので、イノベーションの推進者が持つイノベーションの理由に関する情報、知識あるいは信念といったものを共有したり、共感したりする環境が容易になる。

4　大企業が事業を多角化している場合には、組織内部の価値観も多様化しているので、イノベーションの推進者は、イノベーションを正当化する理由を見つけ出しやすい。

以上の4つの環境条件をざっくり要約すると、企業でイノベーションが起こる条件とは、**①強大な権限を持つトップの存在**、**②営利目的を超えた経営理念（組織固有の価値観）の存在**、**③イノベーターとしての信念の存在**、**④価値観の多様化とイノベーターの自律性の存在**となります。

これらの4つの条件は、本書でこれまで述べた、持続的に繁栄する企業の備える特徴ととても合致していると思います。

(2)　イノベーターに自由な時間を与えるルール

大企業がイノベーションを起こすには、イノベーション推進者の信念が存在し、それが共有化する構造的なしくみ、また、イノベーション推進者がイノベーションを正当化する理由をみつけやすいしくみ、つまりイノベーターの一定レベルの自律性が保証されるしくみが存在します。

『イノベーションの理由』では、大河内賞を受賞した卓越したイノベーションの23の事例を紹介しています。そのうち６割を超える14事例は、事業成果の見通しがないまま、特定のイノベーターや特定の制作部門の組織が、独自の信念と矜持を持ち、なにより技術者としての職業的好奇心を喚起して開発が始まったと書かれています。その他の９件は、本社や事業部門からの指示があって開発が始まったものですが、詳しく読むと、それらさえも、イノベーターの自律性に基づいて開発されたものが多いように感じました。このことから、イノベーターの自律性に基づいた技術開発が、卓越したイノベーティブな商品・サービスを生む確率が高いと言えそうです。

企業を生命体とすると、イノベーターである葉緑体が独自のゲノムを発現させて光合成を行い、新たな価値としての有機物を合成するようなしくみが、イノベーションを起こし続ける企業には存在するのです。

イノベーターの自律性を保証するルールには、「勤務時間内の一定の割合の時間内では、通常業務を離れて自由なことをしてもよい」といったものが知られています。米国の３Ｍやヒューレットパッカード、日本では日東電工で、このようなルールが実施されています。

たとえば、３Ｍの「15％プログラム」は、「勤務時間の15％は自由な発想をしてもよい」というルールで、１９４８年から始められたと言われています。このルールによって生まれたイノベーティブな商品の代表例として、ポストイットが挙げられています。また、日東電工では、製品開発（Ｒ＆Ｄマネジメント）として、２０１４年に、３Ｍの「15％プログラム」を超えた、特定のイノベーターに100％ルールを適用し、2年を目途に自分が将来会社のために貢献できるであろう新しいテーマを提案させるプロジェクトを実行しています。

3Mや日東電工で実施されているようなイノベーターの自律性を保証したしくみが生み出したイノベーティブな製品のいくつかは、その企業の経営活動を支え、持続的な成長をけん引する役割を果たしています。まさに、葉緑体（イノベーター）の独自の活動が、核ゲノム（企業の経営理念）に基づく経営活動をコントロールする構図のように類推できます。

(3) マーケティング中心型企業の増加

イノベーターの自律性とそれを保証する企業のしくみを数例取り上げましたが、マーケティングに関しては、どのようなしくみが存在しているのでしょうか。

米国の企業では、マーケッターが主導してマーケティングに関する意思決定を行う場合が多いようですが、日本企業では、広告・マーケティング部門、営業・販売部門、生産・製造部門に意思決定権が分散されているようです。

『日本企業のマーケティング力』（山下裕子、福富言、福地宏之、上原渉、佐々木将人著、有斐閣発行）には、マーケティングミックスに関する4項目（新製品開発、価格設定、広告メッセージ、流通経路の決定）の意思決定に及ぼす影響力が、各部門でどのように割り振られているか調査されたデータが掲載されていました。

それによると、新製品開発に関する意思決定は、広告・マーケティング部門と製品・開発部門が28％とほぼ同じ割合で意思決定に関わり、営業・販売部門が24％とやや低い割合で続いていました。価格設定に関する意思決定は、営業・販売部門が37％と最も高く、広告・マーケティング部門は28％とやや低く続いていました。広告メッセージに関する意思決定は、広告・マーケティング部門が59％と圧倒的に高く、営業・販売部門の24％を大きく離していました。流通経路の決定に関しては、営業・販売部門の意思決定の割合が60％と最も高く、広告・マーケティング部門の25％を大きく離していました。

このようなデータから、日本企業のマーケティング活動に関しては、必ずしもマーケッターが主導権を握ってはいませんが、高い割合で意思決定を担っていると考察できます。実際、マーケティングミックスの4項目に、市場調査の実施と顧客満足度の測定の2項目を加えた6項目の平均は、広告・マーケティング部門が40・4％と最も高く、営業・販売部門は32・4％と続いていました。

日本企業のマーケティング活動は、マーケッターが主導して進めているものの、営業・販売部門や製造・開発部門と互いに影響を及ぼしつつ、協働しながら意思決定されている状況が推測されます。

5　第5章のまとめ―イノベーションとマーケティング活動―

持続的に成長する企業に備わるイノベーションとマーケティング活動について、まとめてみましょう。それは、次のような特徴がみられます。

①　企業のイノベーションとマーケティング活動は、企業の経営理念に基づきつつ、各部署が独自にもつ理念や矜持に沿って行われている。
②　イノベーションとマーケティングの部署は、一定レベルの自律性が保証されている。
③　企業のイノベーションとマーケティング活動は、企業の経営理念に基づく経営活動をコントロールする役割を備えている。

これらを踏まえ、新たな価値を創造し、顧客に価値を提供し続けるイノベーションとマーケティングについて記します。

(1)　自社を持続的に成長する企業にしたい経営者へ

経営者は、自社の新規製品開発に関わる社員または部署（イノベーションを担う社員）と、開発された製品を市場に提供し、顧客を効率よく獲得する社員や部署（マーケティングを担う社員）

のそれぞれの活動について、一定レベルの自律性を保証してください。それはどういうことかと言うと、経営者や上長が具体的な指示をすることなく、イノベーターやマーケッターにまずは一定の範囲で自由に製品開発やマーケティング戦略策定活動に当たらせてみるということです。

イノベーターやマーケッターは、自律性が保証された環境において、経営理念に基づきつつ、自分自身の理念や職業的自尊心、価値観に沿って、それぞれ価値創造、価値提供を行ってください。

経営者は、イノベーターやマーケッターの自律的な活動を尊重しつつ、製作された新製品や提案されたマーケティングのしくみについて、自社の経営理念に基づいて判断し、ときには、製品や提案から、経営理念や企業活動を見直すよう取り組んでください。

(2)　これから持続的に成長する企業創りを目指す起業家へ

起業する段階において、起業家は、自らがイノベーターでありマーケッターの役割を果たすことになります。複数の仲間と起業するときは、イノベーターとマーケッターの役割を分担しているかもしれませんが、少人数で役割を共有することが多いと思います。

起業前後のイノベーションやマーケティング活動は、作成したばかりの経営理念を基に実行しつつも、自分たちの能力、強み、内在する資源を最大限に駆使し、お客様、ひいては社会に対して、自分たちはどのようなワクワクする価値を創造できるか、どのような価値によってお客様に満足していただき幸福になっていただくか、そのような観点でイノベーションを行ってください。そして、どのように自分たちの価値をお客様に伝え、お客様に喜んでいただく価値を提供できるかという視点でマーケティングを行ってみてください。

持続的に成長する企業は、持続的に新たな価値を創造するイノベーションのしくみと、持続的に顧客を創造し、獲得するマーケティングのしくみが存在し、環境の変化に応じてそれらのしくみは変化しつつも、円滑に機能しています。それらのしくみが機能するには、イノベーターやマーケッターが自由に活動する、自律性をもってそれぞれ活動することが重要であり、持続的に成長する企業には、イノベーターとマーケッターの自律性を担保するしくみも備わっています。そのようなしくみに守られながらイノベーターとマーケッターは、企業の経営理念に基づきつつ、自身の信念や矜持に基づいて活動し、優れたイノベーティブな製品を開発し、顧客に価値を提供しているのです。

イノベーションとマーケティングは企業の2大機能ですが、外部環境の変化によって大きく影響を及ぼされます。当然、イノベーターやマーケッターをはじめ、従業員の自律性も影響を受けます。そのような外部環境の変化を受けても、持続的に成長する企業には、主要な機能や社員の自律性、それらを包含した企業内の環境（内部環境）を一定に調整する機能が備わっています。

次章では、外部環境の変化に対して、企業の主要な機能や内部環境はどのように一定レベルに保たれるか、生命のもつ巧みなシステムを探求しながら考えてみましょう。

注

（１）生命誌ジャーナル　２００８年 春号「遺伝子が『一生を過ごす』場としてのゲノム」

（２）naturejapanjobs 特集記事「パラサイトな存在の葉緑体が、核ゲノムを支配していた！」２００９年３月12日

（３）ミトコンドリアゲノムによる核遺伝子のエピジェネティック制御機構の解明　福井県立大学　村井耕二

第6章
企業内の心理的安全性を一定に保つ企業
―恒常性のしくみから考える―

「私たちは上司や組織のために仕事をしているわけではありません。」（半沢直樹のセリフ）

「破綻をきたす組織は、たいてい管理過剰で指導力が不足している。」（ウォーレン・G・ベニス）

1　組織レジリエンスは恒常性

(1)　恒常性とは

食事を摂った直後の私たちヒトの体内では、血液中の糖分（血糖値）が上がったり、体温が上昇したりする生理現象が起こります。それとは逆に、食事を摂らずに激しい運動をしたり働いたりすると、血糖値が減少し、交感神経が過度に働いてイライラや不安などの不快な感情が起こります。

このように一時的に血糖値や体温が急激に変化したり、交感神経が過剰に働いたりしても、私たちの体には、それらを一定レベルの数値に戻す機能が働きます。この機能が**恒常性（ホメオスタシス）**です。

第1章でも記しましたが、恒常性は、生物の持つ特性です。私たちヒトを含め、単細胞生物にも備わっているしくみになります。

生物の持つ恒常性には、大きく体液の恒常性と免疫の恒常性に分けられると考えられます。体液の恒常性とは、体液中の物質濃度、体温などを一定レベルに保つしくみです。一方、免疫の恒常性とは、自己の物質を攻撃するほど強すぎることなく、さりとて、異物を排除できないほど弱すぎることなく、適切なレベルに保つしくみになります。

翻ると企業には、生物の恒常性のように、さまざまな外部環境によって内部環境が著しく乱されても、しなやかに復元する力が備わっています。このような企業の持つ力は、**組織レジリエンス（組織復元力）**と呼ばれます。

本章では、生物に備わる免疫の恒常性の巧みなメカニズムを確認しながら、持続的に成長し続ける企業の組織レジリエンスの高め方を考察します。

(2) 免疫とは

免疫とは、体内にある異物を効率よく排除するしくみと定義されています。ここでいう異物には、インフルエンザウイルスなどのような病原体や、がん細胞などのような体内の細胞に由来する異常な細胞がも含まれます。

免疫のしくみには、大きく**自然免疫と獲得免疫（適応免疫）**の２つに分けられます。

① 自然免疫

自然免疫は、異物の体内への侵入を物理的化学的に未然に防いだり、体内に侵入した異物を、白血球が分解して排除したりするしくみです。自然免疫の効力は短く、直ちに反応が起こります。異物に対して常に臨戦態勢で臨んでいる免疫のしくみなのです。

② 獲得免疫

獲得免疫とは、体内に侵入した異物を非自己と認識し、リンパ球が異物ごとに特異的に反応して異物を体内から排除する免疫のしくみです。異物の侵入に合わせて獲得される免疫から獲得免疫という用語がついています。獲得免疫において、免疫反応を引き起こさせる物質を**抗原**と言います。獲得免疫は、異物からの抗原情報がリンパ球などの免疫細胞に提示されることから始まります。異物の抗原情報に適応するように働く免疫から、獲得免疫は適応免疫とも呼ばれます。

獲得免疫は、異物と適応するため、即座の反応はできないですが、特定の異物の情報を記憶するしくみがあるので、同じ異物が再び体内に侵入すると、直ちに免疫反応が起こって異物を排除します。

このような自然免疫と獲得免疫の巧緻なしくみを考察し、持続的に成長し続ける企業の組織レジリエンスのしくみを類推してみようと思います。

2　緊急なリスクマネジメント—自然免疫のしくみ—

(1)　自然免疫のしくみ

私たちの体内に病原体などが侵入するとき、病原体は、すんなり体内には侵入できません。まず、粘膜上皮や皮膚によって防がれます。さらに、涙や鼻水などに含まれるリゾチームという酵素が働き、細菌の細胞壁を溶かして病原体を排除します。このような体内に侵入する前の病原体の防御ラインも広い意味で自然免疫のしくみに含まれます。

皮膚や粘膜をかいくぐり、涙や鼻水などに含まれる酵素反応も避けて体内に侵入した病原体は、マクロファージ、好中球、樹状細胞、ナチュラルキラー細胞（NK細胞）などの白血球に取り込まれ、分解されます。これらの白血球は、非特異的に病原体を取り込みます。「非特異的に対応する」という意味は、異物の種類が異なれば、白血球が働かないというような特異性を示すものではないという意味です。

自然免疫は、体内に侵入した異物を種類ごとに別個に認識するのではなく、ざっくりと対応し、体内から排除します。

自然免疫で働く白血球のうち、マクロファージや樹状細胞は、取り込んで分解した病原体の断片を自身の細胞表面に抗原情報として提示します。この抗原提示によって、獲得免疫のしくみが活性化します。つまり、抗原提示をするマクロファージや樹状細胞は、自然免疫として働くとともに、獲得免疫への仲介者の役割も担っているのです。

(2) 外部からの情報に迅速に対応する機構 ― 企業内の自然免疫 ―

体液の恒常性を脅かす異物の侵入という事件は、企業の出来事にたとえると、企業の内部環境の安定性を脅かす大小さまざまな外部からのリスク要因になります。

企業の内部環境をかく乱し、経営活動に多大な影響を及ぼすリスクは、さまざまな形でさまざまなルートで企業内に入ろうとします。たとえば、お客様担当窓口からとか、ホームページやＳＮＳなどのｗｅｂからとか、取引先から情報が入る場合もありますし、新聞報道などのメディアを通して入る場合もあります。なかにはパワーハラスメントや、社員のその他の不正などの内部告発など、社員同士の風聞情報も内部環境をかく乱するリスクとなり得る場合もあります。

企業の内部環境の恒常性を脅かす情報に対しては、迅速に対応すべきものか、時間をかけて対応すべきものか、あるいは放置してよいものかを判断して次の行動を起こす必要があります。企業のリスクに対する最初の判断と、即時の行動は、生命体の自然免疫のしくみに類推されます。

このような企業の自然免疫にかかわる従業員や部署は、クレーム対応やお客様対応の部署と従業員、人事部、総務部などの管理部門になるかと思います。

3　リスクマネジメントの継続した取り組み・しくみ創り—獲得免疫のしくみ—

自然免疫の過程で病原体を取り込んで分解したマクロファージや樹状細胞は、細胞表面に病原体の断片を抗原情報として提示します。獲得免疫は、マクロファージや樹状細胞からの抗原提示を受けてB細胞やT細胞などのリンパ球が活性化することで始まります。

獲得免疫には、抗体や血液中のタンパク質が異物に対応する**体液性免疫**と、免疫に関するリンパ球が異物に直接対応する**細胞性免疫**があります。

(1)　体液性免疫のしくみ

体液性免疫にかかわるB細胞は、細胞表面にある抗体によって、体内から侵入した病原体などの異物を抗原として認識し、抗原との複合体をつくります。一方、T細胞の一種であるヘルパーT細胞は、B細胞が抗原として認識した同じ抗原を樹状細胞によって提示されると、活性化します。抗原とB細胞の複合体は、活性化したヘルパーT細胞を引き寄せ、ヘルパーT細胞は活性化物質を放出し、B細胞を活性化させます。

活性化されたB細胞は、分裂・増殖し、一部は形質細胞（抗体産生細胞）となり、提示を受けた抗原に対応する抗体を何百万分子も合成します。一方で増殖したB細胞の一部は、免疫記憶細胞として体内に残ります。免疫記憶細胞は、同じ抗原が再び体内に侵入すると、形質細胞に変わり、最初に抗原が侵入したときの反応（一次応答）よりも迅速に、かつ大量に生産された抗体によって抗原と反応し、排除します（二次応答）。

(2)　細胞性免疫のしくみ

抗原提示を受けたヘルパーT細胞は、同じ抗原情報の提示を受けたキラーT細胞やマクロファージに活性物質を分泌し、それぞれの細胞を活性化させます。活性化したキラーT細胞は、提示された抗原情報を持つ病原体に感染された細胞を特異的に攻撃します。

一方、活性化されたマクロファージは、活性酸素や分解酵素をつくる能力が高まり、キラーT細胞によって攻撃された感染細胞を取り込み、分解して排除します。

(3)　インシデントをマニュアル化し、リスクに備えるしくみ ― 企業の獲得免疫 ―

外部からの情報に迅速に対応し、処理する機構が企業内の自然免疫ならば、企業内の獲得免疫に当たるものは、どのようなものなのでしょうか。

私は、企業内の内部環境を脅かすさまざまなリスク、インシデントを処理した過程を記録し、マニュアル化し、それを社員に教育・浸透させるしくみが、企業内の獲得免疫に類推できると考えています。そのようなしくみを機能させる役割を担う企業内の部署は、人事部や総務部などの管理部門、あるいは危機管理やコンプライアンス推進を担う部署になると思います。

① ハインリッヒの法則

労働災害においての有名な経験則の1つに「**ハインリッヒの法則**」があります。これは、アメリカの損害保険会社の技術・調査部の副部長をしていた安全技術者のハーバート・ウィリアム・ハインリッヒが、5000件以上に及ぶ事故事例を根拠にして導き出した統計的な経験則で、1929年に発表された論文に記述され、広まりました。

ハインリッヒの法則とは、1つの重大な事故の背後には、29の軽微な事故が発生しており、さらに29の軽微な事故の背景には300の異常（インシデント）が存在するというものです。

② インシデントの対応は自然免疫、それを記録するのが獲得免疫の第一歩

ハインリッヒの法則は、経験則なので、科学的に立証されている法則かどうか議論の余地はありますが、なんとなく納得感は感じられます。また、この経験則は労働災害に対するものですが、対象を企業内の内部環境を脅かすすべての事象に拡大しても、経験則として当てはまるのではないかと思います。

ハインリッヒの法則でいうインシデントへの迅速な対応は、まさに自然免疫の機能に類推されます。自然免疫の過程で樹状細胞などが抗原情報をヘルパーT細胞やキラーT細胞に提示する獲得免疫の最初の過程から類推されるのが、インシデントの対応を記録しておく過程と考えられます。

③　インシデントの対応を教訓化し、社員に教育・浸透するしくみ創り

安全施設業の企業研修で組織レジリエンスの講演をさせていただいたとき、インシデントをどのように企業内で共有しているか、確認させていただくことがあります。多くの企業では、ヒヤリハット事例（インシデント）の報告は、日常行っているようですが、それを安全マニュアルに取り入れるなどして教訓化する取り組みをしている企業は少ないようです。さらに、教訓化して社員で議論しながら常に安全マニュアルを改善・改訂し、それを社員に教育・浸透させる取り組みを徹底して行う企業となると、ほぼ見られません。そんなことする時間もないし、コストもかけられないというのが理由なのだろうと推察できます。

インシデントの対応が生物の自然免疫であるならば、それをマニュアルへ反映し、常に改善し、教訓化する取り組みは、獲得免疫の免疫記憶のしくみになります。また、教訓化したものを社員に教育・浸透させる取り組みは、過去に起こった類似した危機的状況に迅速に対応できる形質細胞やキラーT細胞を活性化させる二次応答のしくみになります。さらに、経験したことのな

い不測の危機的出来事にも、教訓を基に臨機応変に対応できる抗体の多様な対応策を自律的にとれる社員を教育する取り組みは、あらゆる抗原に対応できる抗体の多様性のしくみに類推されると考えられます。

要するに、インシデントに対応し、報告し合ったままでそれを教訓化しない企業は、自ら組織レジリエンスを高める努力を怠っている企業です。そのような企業は、インシデントから学ばないため、事故（アクシデント）が起こっても、教訓化された対応策を生かせず、不測の事故が起こったら、後手後手の対応に追われ、企業の内部環境はかく乱され、経営活動が正常に動かなくなります。結果、企業は衰退していくのです。

4　企業が健全な経営活動を行えず衰退する状態

―免疫異常とそれを防ぐ方法―

これまで生物の免疫のしくみと、それから類推される企業のリスクマネジメントのしくみについて記しました。この項では、免疫のしくみが正常に機能しない免疫異常と、そこから類推される企業の状況を記します。企業の内部環境を保持する機能がなくなれば、企業はどのような状況になるか、免疫異常から類推し、考察してみます。

免疫異常は、大きく**免疫不全、自己免疫、過敏症（アレルギー）**の３つに分けられます。

⑴　あらゆる危機的状況やトラブルに対応できない企業 ― 免疫不全 ―

免疫不全とは、免疫のしくみの全部または一部が働かないために起こる現象です。私たちヒトの場合、免疫不全が起こるとさまざまな病気にかかりやすくなります。よく言う〝免疫力が落ちた〟状態が免疫不全に近い状態と想像してください。

免疫不全の原因は多様です。単なる老化によって起こる場合もあれば、肥満やアルコール依存、薬物依存など生活習慣の乱れによって起こることもあります。また、食物を十分にとらなかったり偏食して必要な栄養素を摂取しなかったりする栄養不良が原因になることもあれば、遺伝子突然変異による胸腺の異常のような先天的要因で起こる場合もあります。さらに、エイズ（後天的免疫不全症候群）の発症によって免疫不全になる場合もあります。

①　免疫不全の対処法

免疫不全を未然に防ぐ方法は、引き金となる要因が起こらないようにすることです。老化による免疫力の低下は防ぐのが難しいですが、ポジティブ感情を高めるなど幸福度を向上させたり身体の健康状態にケアしたりすることによって、免疫力は高めることができます。生活習慣や栄養不良が原因となる免疫不全は、日ごろから生活習慣や食生活に気を付けることで防ぐことができます。

先天的な要因や、エイズの発症などの後天的な要因による免疫不全は、医学的な療法で発症を抑えたり、発症後も免疫不全を補完したりするようなケアをすることが可能です。

② 免疫不全な企業と対応策

企業には、経営活動を脅かすさまざまなリスクがあり、また予想できない危機があります。そのようなリスクや不測の危機に企業は常に囲まれていると考えられます。例を挙げますと、自然災害によって経営活動が困難になるリスク、株式市場、金融取引市場の変動による資金調達が困難になるリスク、経営トップの不祥事、不正決算、虚偽決算などによるガバナンスが機能しないリスク、社員のハラスメントなどによる企業イメージの毀損、社員の法令違反などによる風評被害、お客様への対応の稚拙さによる不買運動など、例を挙げればきりがありません。

免疫不全を起こしている企業とは、このようなリスクや不測の事態に十分に対応できない企業です。自然免疫が機能しない企業とは、さまざまなリスクやトラブルに迅速に対応できず、後手後手に回って傷口が広がり、経営活動に多大な損害をもたらす企業になります。自然免疫は機能しても獲得免疫が機能しない企業とは、過去にリスクやトラブルを克服した方法を教訓化せず、その都度、同じように緊急事態として対応するような企業です。

企業が免疫不全にならないようにするには、前述しましたが、さまざまなリスクや不測の事態を想定して社員教育を行い、リスクマネジメントの体制を築くことが第一歩になります。また、リスクマネジメントに関するマニュアルを作成しつつ、それを過信せずに十分に教育を受けた社員の自律的なリスクマネジメントを尊重し、奨励することです。さらに、リスクや不測の事態に対応した経験を教訓化し、常にマニュアルを改善・向上しつつ社員教育を継続することにあります。

(2)　**出る杭を打ってしまう企業** ― 自己免疫 ―

自己免疫とは、本来ならば攻撃してはいけない自己の身体の成分に対して免疫反応を起こす現象です。自己免疫が起こると、関節リウマチや膠原病などの病気になる場合があります。これらは総称して**自己免疫疾患**と呼ばれます。

①　**自己を攻撃しないしくみ** ― 免疫寛容 ―

自己免疫は、**免疫寛容**というしくみに異常をきたした場合に起こると考えられています。

免疫寛容とは、広い意味では、特定の抗原に対する免疫反応がなくなったり抑制されたりする現象です。こう定義すると、免疫反応が起こらないので恒常性にとって良くない現象と思われがちですが、ここでいう特定の抗原とは自己抗原、つまり自分の身体の成分のことを指します。

獲得免疫に働くT細胞は、無数の抗原に対応できる豊富な種類のT細胞があらかじめ準備され、合成されます。あらゆる抗原に対応するT細胞がつくられるので、その中には、自分の身体の成分に対応するものもつくられます。

このような無数の抗原に対応するT細胞は、胸腺で成熟しますが、その成熟の過程で、自己抗原と強く反応するものは選別され排除されます。身内を攻撃するような未熟なT細胞は役割を果たすことなく死滅させられるのです（殺される未熟なT細胞にとっては寛容でないルールではありますが）。これが免疫寛容のしくみになります。

免疫寛容には、制御性T細胞という免疫反応を抑制するT細胞が働きます。

私たちヒトの自己免疫疾患の症状と原因となる自己抗体は明らかになっているものが多いですが、そもそもの免疫寛容が機能しなくなる原因は、まだ不明な部分が多いです。ですので、予防策を講じるのは難しいですが、発症した場合は、医学療法で症状を抑制するケアが行われています。

② 挑戦・勇気・自律性（ポジティブな逸脱）を奨励しない企業

―免疫寛容が機能しない企業―

自己免疫を起こしている企業とは、本来ならば、企業内の内部環境を脅かすことはない自社社員に対して、脅かす危険なものとして排除するような企業です。たとえば、企業の経営理念に深く傾倒し、それに基づいてさまざまな建設的な提言をする社員を、社内の和を乱す不良社員として冷遇したり、誰もがやったことのない方法を試したものの失敗した社員を過渡に叱責したり、あるいは、経営理念に基づいて自分の創造性を最大限に活用し、会社の利益となる新製品・新サービスを自主的に開発した社員に対して、上司の命令に従わない社員として不当な評価をしたりするような行為が、自己免疫に陥った企業です。

会社に対する建設的提言という挑戦、不安を克服して新たな方法を試す勇気、自律性によるイノベーションのような〝**ポジティブな逸脱**〟を奨励しない企業は、免疫寛容が機能していない企業と類推されます。

ヒトの自己免疫を予防する方法は難しいですが、企業の自己免疫は未然に防ぐことは可能です。その方法は、本章の根幹の部分ですので、次の項で詳しく解説します。

(3) 外部環境の変化に過剰に反応する企業 ― 過敏症 ―

過敏症（アレルギー）は、本来ならば反応を起こさない異物に対して免疫反応が起こったり、異物に対する免疫反応が通常よりも過剰に起こったりするものです。前者の例としては、そばアレルギーや小麦アレルギーなど食物の成分に対して起こるアレルギーがあります。後者の例としては、スズメバチに刺されて侵入する毒などに対する過敏症があります。**アナフィラキシー**とも呼ばれます。

過敏症が起こる原因は、いろいろな仮説が唱えられていますが、いまだによくわかっていません。過敏症が発症した場合は、対症療法的なケアしか対応策がないのが現状のようです。過敏症にかかった企業とは、企業の内部環境の影響を考えず、外部環境の変化に対して過剰に対応する企業と捉えることができます。

(4) 経営理念に反して害をもたらす社員への対応 ― がん細胞に対する免疫 ―

免疫は、体内に侵入した異物から内部環境を守る役割を果たします。その上で、体内で発生したがん細胞の排除も免疫の重要な役割となります。

私たちの体内で発生するがん細胞の数は、1日当たり約5000個と言われています。がん細胞は正常細胞の異常ですので、自己とは異なる非自己抗原を表面に提示します。そのため、がん細胞のほとんどは、発生したのち迅速にナチュラルキラー細胞やキラーT細胞と免疫反応を起こし、排除されます。

① がんが発生するとき ― 免疫細胞の機能低下 ―

がん細胞が生き残り、増殖すると腫瘍がつくられます。そのうち悪性のものががんになります。

がん細胞の中には、表面に提示される非自己抗原（腫瘍抗原）が少ないものがあり、そのがん細胞は、免疫細胞の受容体との結合を免れて排除されず生き延びるものがあります。また、がん細胞の中には、免疫応答を阻害する物質を分泌するものがあり、それらが分泌されると免疫細胞の活性が抑えられるため、がん細胞は排除されなくなります。さらに、最近の研究では、免疫寛容に関与するT細胞が、がん細胞の集団に入り、免疫反応の抑制に関与しているという報告もあります。

がんの発症をがん細胞の増殖の観点からまとめると、がん細胞からの抗原提示の少なさや分泌物質の働き、またはT細胞の協力によって、ナチュラルキラー細胞やキラーT細胞などの免疫細胞の機能が低下することによって起こると考えられます。

②　がんを予防するには ― 免疫機能の維持 ―

がんを予防するには、正常な細胞を異常ながん細胞に変異するのを防ぐ方法と、がん細胞を排除する免疫機能を高める方法の2つしかないように考えられます。

正常細胞ががん細胞に変異する原因は数多くあるため、前者の方法は容易ではありません。だからこそ、1日5000個ものがん細胞ができるのでしょう。

免疫機能を高める方法は、世界がん研究基金やアメリカがん研究協会をはじめ、多くの医療機関が提唱している予防法があります。大筋は、前述した免疫不全の対処法と同じで、生活習慣や食生活の見直し、ポジティブな感情を多く持つことなどが予防法になります。

③ 企業内でのがん細胞 ― 意図してコンプライアンス違反をする社員 ―

企業内でがん細胞として捉えられるものとは何でしょうか。

それは、健全な社員だった方が、ふとしたきっかけで意図して法令（コンプライアンス）違反を起こし、企業の経営活動に悪影響を及ぼしかねない状況をもたらす社員であり、意図的に経営理念に反し、法令に違反する企業の活動そのものが、がん細胞に類推できます。

経営理念に基づいた健全な活動ではあるけれども、企業に多大な損害を与えた活動は、正常な活動とみなされるので、がん細胞とは捉え難いです。それは社員の努力不足、注意不足、あるいは活動した社員を指導監督する上司のマネジメント不足によって起こったと考えられますので、がん細胞というよりは、未熟な正常細胞、正常細胞のまれに起こるエラーと捉える方が妥当と思います。

がん細胞が自ら発する物質によって、巧妙に免疫細胞の監視をかいくぐって生き残るように、自らの利益のために意図して法令違反を起こし、企業の経営活動に多大な損失を及ぼしかねない社員は、普段は、正常で勤勉な社員として活動しているかもしれません。それは、代表取締役から一兵卒のヒラ社員、あるいはアルバイトや契約社員に至るまでのどのような階層の社員にも当てはまります。ただ、社員の最上層である企業の経営トップ層の法令違反や不正行為は、階層が下の社員のそれよりは、企業に与えるダメージは計り知れません。いきなり末期がんを宣告されるような活動と思われます。

企業内のがん細胞的な社員、がん細胞的な活動を見極めるのは難しいですが、初期に発見し、企業に与える悪影響の芽を早期に摘み取らなければなりません。そうしなければ、がんを放置するとステージが進み、手遅れになるように、企業においても持続的な成長がかなわないばかりか、衰退・壊滅する危機が訪れます。

企業内において、健全な社員や健全な活動ががん化しない方法、がん細胞のような振る舞いをする社員や活動を早期に見極める方法については、次の項で解説します。

５　企業内の心理的安全性を一定に保つ企業
― 組織の認知柔軟性が組織レジリエンスを高める ―

これまで、生物にみられる免疫の恒常性のしくみと、そこから類推される企業の内部環境を維持するマネジメント機構を記しました。

ここで免疫のしくみを整理してみます。以下のような特徴が見られました。

①　体内に侵入した異物を迅速に処理する自然免疫のしくみがある。

②　異物を特異的に処理する獲得免疫のしくみがある。

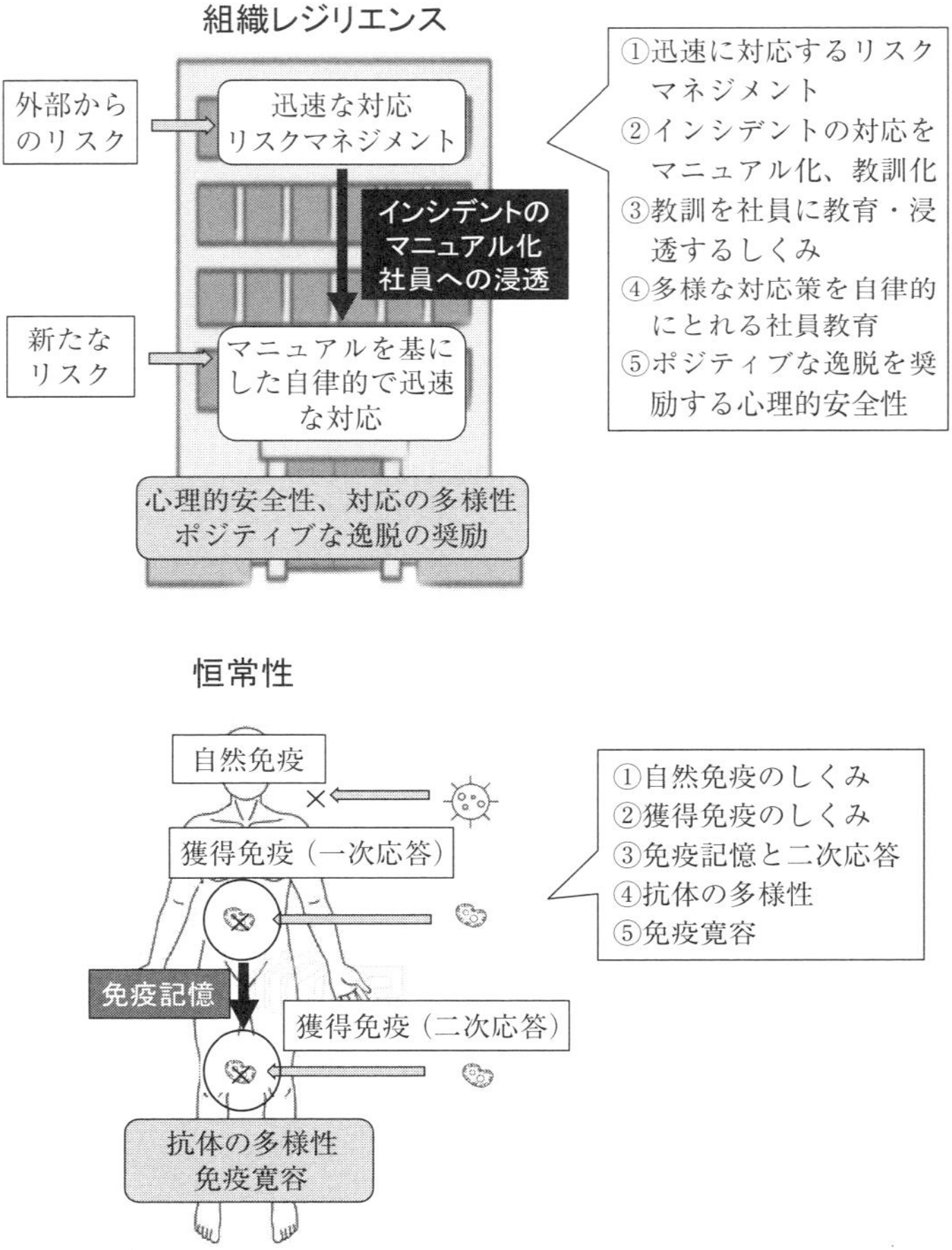

図８　組織レジリエンスは恒常性

③ 獲得免疫には抗原情報を記憶するしくみがあり、再び同じ抗原が侵入すると直ちに対応する二次応答がある。
④ 無数の抗原に特異的に対応する多様な抗体やT細胞がつくられるしくみがある。
⑤ 自己の成分に免疫反応が起こらないような免疫寛容のしくみがある。

これらの特徴から類推される企業のしくみとしては、次のようなものを記しました。

① 外部からの情報に迅速に対応する機構、リスクマネジメント
② インシデントの対応をマニュアルへ反映し、常に改善し、教訓化するしくみ
③ インシデントの対応を教訓化し、社員に教育・浸透するしくみ
④ 教訓を基に臨機応変に対応できる多様な対応策を自律的にとれる社員を教育するしくみ
⑤ 〝ポジティブな逸脱〟を受容し、奨励するしくみ

企業の内部環境を安定に保ち、持続的に経営活動を行い成長し続けるには、上記の5つのしくみは重要で必要なものと考えます。ただし、企業内でこれらのしくみが健全に機能するには、とても大事な前提条件が必要です。それは、免疫の根本の意味に相当します

免疫の根本の意味は、自己と非自己を区別することです。さらに免疫の恒常性の意味から条件を付け加えると、体内に異常をきたさない程度に自己と非自己をバランスよく区別し、排除することです。企業に置き換えれば、自社的なものと自社に相応しくないもの、自社の経営活動に

良い影響を与えるものとそうでないものを適切に区別することが、企業が内部環境を保ち、持続的に経営活動を行える前提条件となります。この前提条件がなければ、上記の5つのしくみが備わっていたところで、企業の内部環境を安定に保つことはできません。

自社的なものと自社的でないものを社員すべてが適切に区別する前提条件を備えるには、どのようにすればよいのでしょうか。私は、「全社員が経営理念を基準として経営活動を行う」「社員の認知の柔軟性を育む」という方法が有効と考えています。

(1) 全社員が経営理念を基準として経営活動を行う

企業に入ってくる外部情報あるいは内部情報を、自社的なものと自社的でないもの、自社に良い影響を与えるものと自社に危機的な状況をもたらすものを区別するには、全社員が経営理念を基準にすることを前提条件にする必要があると思います。これは、企業の経営活動に関する出来事、情報をすべて経営理念を判断基準にするということです。「経営理念」というフィルターを通して外部情報や内部情報を捉え、反応するということになります。

第2章で取り上げたジョンソンエンドジョンソンのクレド、「我が信条」と、タイレノール事件を思い出してください。シアン化合物が混入したタイレノールを服用したために7名のお客様が亡くなった事件は、対応を誤るとジョンソンエンドジョンソンを破滅におとしめる大事件（アクシデント）です。これに対して、ジョンソンエンドジョンソンの社長をはじめ社員は、「我が信条」を基に事態を把握し、迅速に行動を起こしました。

あの大事件が起こったとき、「我が信条」といったクレドがなければ、あったとしてもそれを基準に判断しなければ、あのような迅速で適切な対応を取れなかったかもしれません。

第2章～第4章で記述しました、健全な経営理念の存在と、経営理念を守り常に改善するリーダーの存在、そして経営理念を社員に教育・浸透させるしくみは、企業の内部環境を一定に保ち、危機的な状況においても克服する組織レジリエンスに役立つのに重要と思われます。

「全社員が経営理念を基準に経営活動を行う」ことを徹底すれば、健康な社員や健全な活動はがん化することはないと思います。また、がん細胞のような振る舞いをする社員を早期に見極め、改善・再教育することもできます。これが、企業内でのがんの発症を未然に防ぐ根治療法と考えています。

(2)　社員の認知の柔軟性を育む

経営理念をさまざまな出来事、内外の情報の判断基準にするには、社員全員が経営理念を理解し、浸透していなければなりません。さらに、浸透した経営理念に対しても、さまざまな捉え方、社員ひとりひとりの自律的自主的な捉え方を受容する柔軟性が必要になってきます。捉え方とは認知のことです。つまり、社員の認知の柔軟性も、前提条件として必要になるのです。

経営理念は当然統一したものですが、その捉え方まで画一化統一化してしまうと、誤った判断による行動がもたらした危機を克服することが難しい状況に陥ります。組織レジリエンスが弱まってきます。

それでは、社員の認知の柔軟性を育むには、どのような方法があるのでしょうか。

① 認知行動療法のＡＢＣ理論

不安やうつなどの症状を治療する心理療法の1つに**認知行動療法**があります。この心理療法は、アルバート・エリスが提唱した**ＡＢＣ理論**がベースにあります。

ＡＢＣはそれぞれ Activating event（出来事）、Belief（信念、固定観念）、Consequence（感情や行動などの結果）を指します。この場合のＢ（信念、固定観念）が、物事や情報に対する捉え方であり、認知になります。

ＡＢＣ理論では、出来事（Ａ）があって感情や行動が結果（Ｃ）として起こるのではなく、必ず出来事に対する捉え方、認知、信念（Ｂ）による解釈があって結果（Ｃ）が起こるとされています。つまり、不安や怒り、不適応な行動は、物事に対するネガティブな捉え方から生じると考えられています。

経営理念を企業の内外情報の判断基準に沿えるということは、ＡＢＣ理論のＢを経営理念とするということです。

多くの人は、出来事に対してＢ、つまり、認知の存在を意識せずに行動をします。また、偏った認知、一つの固定的な認知・捉え方で出来事を判断した結果、不適切な行動を起こす場合があります。不適切な行動を起こす認知・捉え方は、多くの場合、非論理的です。このような非論理的な認知・捉え方を**イラショナルビリーフ**（非論理的な信念）と言います。

経営理念を捉え方の基準にしても、経営理念に対する捉え方が画一的であれば、それは出来事・情報によってはイラショナルビリーフとなり、不適切な経営活動を取ってしまい、企業に損益を与えてしまうかもしれません。ですから、経営理念に対して、社員が日頃から柔軟に捉える習慣、多様な捉え方を受容する習慣をつける必要があります。

②　組織の生産性を高める６：１の法則

社員の認知の柔軟性を育むには、社員が自分の認知、捉え方、解釈を安心安全に発言する組織の風土が必要になってきます。そのような組織の雰囲気こそが、認知の柔軟性を育むことになります。

組織の安全安心な場の形成に関して、興味深い心理学の研究結果があります。アメリカの心理学者、マーシャル・ロサダ博士が２０１０年に論文で発表した研究です。

ロサダは、アメリカの60のマネジメントチームを研究対象に選び、目標設定や戦略策定の際のコミュケーションで使われた言葉を観察しました。その言葉がポジティブなもの（肯定的なもの）かネガティブなもの（否定的なもの）かを分析し、結果を数学モデルとして見いだしました。その結果、生産性や顧客満足度、社内評価などで高いパフォーマンスを示したチームのポジティビティとネガティビティの比は、６：１であることがわかりました。

ロサダの研究結果から、組織のポジティブな要素がネガティブな要素の6倍多ければ、安心安全な雰囲気が組織内に形成され、認知の柔軟性が育まれます。その結果として、組織の生産性が高まることを示しています。

③ プロジェクト・アリストテレスが明らかにした心理的安全性の重要さ

ロサダの研究は、その後、数学的根拠がないとの論文も出されていますが、私としては、信じるに値する仮説ではないかと感じています。それは、ロサダの研究と同じような調査結果が、グーグルによって示されたからです。

グーグルは、より生産性の高い働き方を提案するため、２０１２年に生産性向上計画に着手しました。同社の人員分析部によって実施されたこの計画は、「プロジェクト・アリストテレス」と呼ばれます。

「プロジェクト・アリストテレス」の結果、チームの生産性を向上させる成功の鍵は、チーム内に、自由な発言ができる雰囲気、チームのメンバーへの心遣いや同情、配慮や共感といったポジティブな感情の存在ということがわかりました。このような安心安全な状態を心理的安全性と言います。

ロサダの研究やグーグルのプロジェクト・アリストテレスの結果から、組織の心理的安全性が認知の柔軟性を育み、それが前提条件となって、組織の免疫能力である組織レジリエンスが高まることが導けます。

「社員の認知の柔軟性を育む」ことは、社員の仕事面での挑戦、勇気、自律性によるイノベーションと言った〝ポジティブな逸脱〟を奨励することになります。そうすれば、企業内の自己免疫を防ぎ、免疫寛容が機能するような企業になると考えられます。

6　組織の心理的安全性を保つ企業の取り組み

組織の心理的安全性を保ち、組織内のポジティビティを高いレベルで保つには、どのような方法があるのでしょうか。企業での取り組みの実例から、具体的な方法を考えてみましょう。

(1) 感謝カードによる感謝の向上

社員同士で日頃の感謝の気持ちをカードに記して交換しあう取り組みは、多くの企業で導入されています。それらのカードは、サンクスカード、サンキューカード、感謝カードと呼ばれています。

社員同士で感謝の気持ちを表し合うと、感謝のポジティブ感情が高まり、従業員幸福度が上がるといった心理学的証拠があります（２００５年、セリグマン）。組織内で従業員幸福度の高い社員が増えると、組織のポジティビティが高まり、心理的安全性が高まります。その結果、認知の柔軟性が高いレベルで維持され、生産性が高まり、組織の内外情報に対して迅速に適切に行動でき、危機的な状況においても生産性を過度に下げることなく持続的に成長できるのです。

(2) ポジティブな朝礼の実施 ― 西精工や沖縄教育出版の取り組み ―

ポジティブで長い朝礼が、企業の心理的安全性を保つ役割を果たしている事例もあります。

① 日本で最も従業員満足度の高い会社 ― 西精工の取り組み ―

徳島市に本拠を置く、ナット製造・販売メーカーの西精工株式会社は、日本で従業員幸福度が最も高い会社として知られ、日本経営品質賞やホワイト企業大賞に輝く優良企業です。本書の執筆、校正作業をしているとき、ご縁があって見学会に参加しましたので、実際に体験した西精工での組織の心理的安全性を高め、維持する取り組みを紹介します。

見学会は、朝の７時30分、西泰宏社長を初め、担当社員の方々からの心温まる歓迎から始まりました。８時から始まる朝礼は、ラジオ体操ののち、西精工の経営理念、創業の精神、行動指針、西精工フィロソフィーの唱和が行われます。社員の方は、ほぼ全て暗唱して、書類に目を通すことなくそらんじていました。その後、４~５名の小グループに分かれ、西精工フィロソフィーや社長の通信などに関することで、最近どのような行動を行ったか、気づきがあったかを発表し合い、共有します。そして、小グループでの共有ののち、グループの代表が発表し合い、社員同士で感謝の気持ちを共有し合います。朝礼全体をファシリテートする社員は、発表者の意見を肯定的に捉えつつ、経営理念や行動指針を基に、改善のフィードバックの意見を示します。

とても驚いたのは、一人の社員が意見を述べるとき、円形に並んだ他の社員は、意見を述べる社員へ心も体も向けて集中して肯定的に意見を聴いている態度です。組織内の安心安全な場が形成されており、良好な信頼関係が築かれていると拝察しました。朝礼後の工場見学では、出会う社員の皆様すべて、目が合えば心からのご挨拶をいただき、とても気持ちの良い温かい心持ちで工場見学ができました。

西泰宏社長の卓越した健全なリーダーシップを基にした、会社全体が経営理念を大切にする心理的安全性と社員の豊富な柔軟性・自律性が感じられた見学会でした。正に「日本で大切にしたい会社」であると思いました。

② **日本で最も長い朝礼**──沖縄教育出版の取り組み──

健康食品、化粧品の通販を事業とする優良企業、沖縄教育出版は、日本で一番長い朝礼をすることで有名です。

沖縄教育出版の朝礼は、朝9時から始まり、1時間30分ほどかかります。朝礼の中身は、ストレッチと体操から始まり、冗談をまじえながら、和気あいあいの雰囲気で売上や契約件数の報告が続きます、それから、顧客からのお便り紹介とありがとう委員会による仕事を手伝ってくれた社内の人間に対して、「誰々さん、ありがとう」とお礼を言うコーナーが実施されます。これも一種の「感謝カード」による感謝の向上ですよね。そして、聞き手が関心を持つように、工夫を凝らして話をする社内連絡、見学者の紹介があり、社長の挨拶、最後に社内スローガン（経営理念）の唱和で締めとなります。

朝礼は終始、ポジティブな雰囲気で運ばれます。ネガティブな情報もポジティブな面を捉えて報告、紹介されるようです。認知・捉え方の柔軟性が機能していることが拝察されます。このようにして、朝から企業の心理的安全性が高いレベルで保持され、認知の柔軟性が高いまま維持されます。その結果として生産性が高まります。

7　第6章のまとめ ― 組織レジリエンスの創り方 ―

持続的に成長する企業に備わる組織レジリエンスをまとめてみましょう。それは次のような特徴が備わっています。

①　全社員が経営理念を基準に経営活動を行っている。
②　経営理念に対する柔軟な認知を可能にする心理的安全性を保持するしくみがある。
③　外部からの情報に迅速に対応する機構がある。
④　インシデントの対応をマニュアルへ反映し、常に改善し、教訓化するしくみがある。
⑤　インシデントの対応を教訓化し、社員に教育・浸透するしくみがある。
⑥　教訓を基に臨機応変に対応できる多様な対応策を自律的にとれる社員を教育するしくみがある。
⑦　〝ポジティブな逸脱〟を受容し、奨励するしくみがある。

これらを踏まえ、組織レジリエンスの高め方・創り方を記します。

(1) 自社を持続的に成長する企業にしたい経営者へ

経営者は、持続的に成長する企業のため、経営理念をつくり、それを守り、率先垂範することを約束し、社員にも浸透させることが必要と前章までに記しました。それは組織レジリエンスを高めるためにも重要です。

社員に経営理念を浸透させることと同じくらい、経営理念に対する柔軟な解釈、思考、捉え方、認知を社員に保証することも大事です。つまり、経営理念に対する自由な考え方、経営活動に対する自主的な意見を出しやすい安心安全な職場創りを経営者は心掛けてください。それには、社員と職場のポジティビティを高め、心理的安全性を保持するあらゆる努力を経営者はしなければなりません。

企業の経営活動に影響を与える社内外からの情報は、常にアンテナを張って受容し、それに対応する部署や組織などの機構を備えてください。そして、大事には至らなかったものの放置したら企業に多大な損害を与える社内外の出来事（インシデント）の情報を収集し、それに基づいて対応マニュアルを作成し、社員に教育研修するしくみをつくってください。そのようなインシデントから組織レジリエンスを高める教育にお金を惜しまないようにしてください。

社員には、インシデントの教訓を基に臨機応変に状況を把握して対応できる訓練を施すしくみを創ってください。

そして、組織の心理的安全性を基にした、社員の失敗を恐れない勇気ある行動、建設的な提言をする挑戦などのポジティブな逸脱を受容し、奨励するしくみを創ってください。

(2) これから持続的に成長する企業創りを目指す起業家へ

起業する前後は、起業に障害となるさまざまな事態があり、起業家はおそらく一人で、またはともに起業する仲間とその都度乗り越えていくことになろうかと思います。そのような状況ひとつひとつはインシデントであり、それを克服した経験は、起業後も貴重な資源となります。その資源を今後の活動に生かすべく、記録し記憶にとどめ、教訓化して、起業後増加する社員やスタッフに共有化するようにしてください。

持続的に成長する企業には、生命体が外部環境の変化に対して体内環境を一定に保つ恒常性が備わっているように、外部環境の変化に対して迅速に適切に対応するしくみ、組織レジリエンスのしくみが備わっています。そのような企業のしくみが機能するには、組織の心理的安全性と、社員の認知の柔軟性が前提条件として必要です。

組織の心理的安全性と社員の認知の柔軟性は、多種多様な捉え方、意見、アイデアを企業内に生み出します。多様性が醸成されることになります。

持続的に成長する企業は、どのように多様性を生かしているのでしょうか。次章では、生命体の進化のシステムを探求し、企業内での多様性を生かすしくみを類推してみます。

第7章

多様性を大事にし、活用する企業

—進化のしくみから考える—

「毒にも薬にもならない突然変異は、顕著な形質の変化よりも急速に定着する。」（木村資生、集団遺伝学者）

「企業が存在しうるのは、成長する経済のみである。あるいは少なくとも、変化を当然とする経済においてのみである。そして企業こそ、この成長と変化のための機関である。」（ピーター・ドラッカー）

1　多様な資源の蓄積とは進化である

生命体は、進化するという特徴を備えています。では、ここで言う進化とは、どのような意味があるのでしょうか。

生物学的な「進化」の定義は、「同じ種で構成された生物集団（個体群）の遺伝子頻度が変化すること」になります。ここでいう遺伝子頻度とは、生物集団内の対立遺伝子の相対的頻度です。これについては、後ほど詳しく解説します。

この定義は、狭い意味での定義ですが、一般には、生物の個体群の形質が、世代を経るにつれて変化する現象を指すことが多いように思います。

狭い意味や広い意味での「進化」の定義には、一個体の生活史にみられる成長や変態などの形態の変化は含まれていません。このような生物の進化の定義をもとに、「企業の進化」とは何かを考えてみましょう。

巻には、「最も強い者が生き残るのではなく、最も賢い者が生き延びるのでもない。唯一生き残ることができるのは、変化できる者である」というダーウィンが言ったとされる言葉（この言葉、ダーウィンは言っていないという説もありますが、それは置いておくとしても）を引用し、環境の変化に適応して変化しなければ企業は生き残れないという企業論がみられます。そして、進化し続ける企業が生き残っていく企業という結論に帰着する場合が多いようです。

しかしながら、ここで言う「企業の進化」とは、生物の進化とは意味合いが異なっています。「進化」というよりは、環境変化に応じて内部環境を一定レベルに保つ恒常性のしくみや、環境の変化が遺伝子の発現に影響を与えて形成される形態の変化と捉えた方がしっくりきます。次の世代に変化が継承されるというよりは、現世代での小さな適応という意味と考えてよいようです。

(1) 企業の進化とは何か

生物の進化の定義から類推される「企業の進化」とは、企業内に多様な捉え方、多様な意見が拡張したような多様性が変化すること、かつ、企業の体質や生産物が、世代を経るに連れて変化することになると考えられます。さらに、変化した企業体質や生産物が、おかれている現環境と現在の顧客に受け入れられる価値を与えることと思います。

このように考えると、「企業の進化」とは、環境の変化に適応して経営活動を変えていくというよりは、「**長い時間をかけて企業に蓄積し、内在している多様な資源の中から新たな価値やその源泉が生まれ、それが現在の環境や顧客に適応して新たな価値を提供している過程や状態**」と捉えた方がよいと思います。つまり、「企業の進化」に伴う適応は、環境の変化が先で経営活動の変化が後ではなく、多様な資源の蓄積が先で環境の変化はその後ということと捉えられると思います。

(2) 進化し続ける企業とは、持続的に成長し続ける企業

このような「企業の進化」の定義から、進化し続ける企業とは、長い時間の中で培った多様な資源を蓄積し続ける企業であり、その資源を次世代に継承し、それらの資源から現在の環境と顧客にどのような価値を提供するかを常に考えている企業と言えます。このような進化し続ける企業は、正に持続的に成長し続ける企業といえるでしょう。

持続的に成長し続ける企業とは、世代を交代しても脈々と継承される経営理念が根底に存在します。変わらずに継承され続けるものがある一方で、内在する資源が蓄積され多様性が増すというような静かな進化が進行し、そのような変化が継承される場合もあります。

それでは、生物の進化のメカニズムを確認しながら、企業において進化を促すしくみを考察し、持続的に成長し続ける企業の創り方を論じます。

2　企業でも生物でも進化は常に起こっている――進化のしくみ――

生物の進化を狭義の「生物集団内の遺伝子頻度の変化」とすると、第1章で述べたように、生物の進化は現在進行形で常に起こっています。では、そのような進化はどのように起こったのでしょうか。

(1)　進化の始まりは生物集団内の遺伝子構成の変化

ゲノムDNAの塩基配列が変化することを**遺伝子突然変異**と言います。生物の進化は、この遺伝子突然変異から始まります。

遺伝子突然変異は、自然状態でも10万分の1～1000万分の1の頻度で起こります。極めて低い頻度ですが、遺伝子突然変異によって変化した遺伝子が生物集団内にたまっていくと、集団内の遺伝子構成が変化していきます。

生物集団の遺伝子構成の変化は、他の地域から同じ種の生物が入ってきても起こる場合があります。

このように、生物の進化は、遺伝子突然変異や同種の生物の移入などによって生物集団内の遺伝子構成が変化することから始まります。

生物集団内の遺伝子構成の変化を企業に類推すると、企業内に新たな人材が加わったり、既に在籍している社員の認知・考え方・捉え方が柔軟になり、多面的広視野的な意見やアイデア、スキル、知識などの人的資源が蓄積していく過程と考えることができます。この過程が、企業の進化の始まりとなると考えられます。

(2) 自然淘汰と遺伝的浮動 ― 生存に有利か不利か以前に偶然でも進化の方向は決まる ―

生物の進化の定義は、「生物集団内の遺伝子頻度の変化」という狭義の定義として捉えると、遺伝子構成が変化した生物集団内の遺伝子頻度が変化するのには、自然淘汰と遺伝的浮動という現象が原動力となります。

① 日本人はお酒に弱い人が多い？ ― 遺伝子頻度とは ―

生物集団内で対となった遺伝子の一方が他方の対となる遺伝子と比べて出現する度合い、程度を遺伝子頻度と言います。これは、言葉で定義を説明してもわかりにくいと思いますので、私たちヒトの遺伝子を例にとり、説明してみましょう。

ヒトを含めた真核生物の多くは、父親から１対、母親から１対のゲノムを受け継ぎます。ゲノムに含まれる遺伝子は、父親由来と母親由来のものが対となってゲノムに存在することになります。これが**対立遺伝子**になります。遺伝子頻度とは、この対立遺伝子の一方の遺伝子の生物集団内の相対的頻度ということになります。

まだわかりにくいので、アルコールに強い遺伝子を例に挙げ、説明しましょう。

アルコールの体内での分解反応は、肝臓内でアセトアルデヒドに分解され、そして酢酸に変わり、最終的に水と二酸化炭素にまで分解されて体外に排出されます。アセトアルデヒドは悪酔いの原因物質と言われており、これが体内に分解されずに長い間残っていると、お酒に酔ってしまいます。つまり、お酒に強いか弱いかは、アセトアルデヒドの分解が早いか遅いかでほぼ決まるのです。

アセトアルデヒド分解酵素（ＡＬＤＨ）のうち、ＡＬＤＨ２と呼ばれる遺伝子が、ヒトのアルコールに強いか弱いかを決定づける遺伝子と考えられています。

ＡＬＤＨ２には、アセトアルデヒドの分解活性が高いＮ型と、分解活性の低いＤ型とがあります。これらは対立遺伝子で、誰しもがこの２つの遺伝子のうちのどちらかを両親から１つずつ受け継ぎます。ですから、ヒトには、遺伝的にお酒の強いＮＮ型、そこそこ飲めるＮＤ型、遺伝的にほとんどお酒が飲めないＤＤ型の３つのタイプがあることになります。

とある人間の集団において、ＡＬＤＨ２のＮＮ型の人が56人、ＮＤ型の人が40人、ＤＤ型の人が４人とした場合の、ＡＬＤＨ２Ｎ型遺伝子とＡＬＤＨ２Ｄ型遺伝子のそれぞれの遺伝子頻度を計算してみましょう。この人間集団内のN型とD型の遺伝子の総数は、（56＋40＋４）×２＝２００となります。そして、集団内のN型遺伝子の総数は、ＮＮ型が56、ＮＤ型が40なので、56×２＋40×１＝１５２となります。したがって、N型遺伝子のこの集団内の遺伝子頻度は、１５２／２００＝０・76となります。同じように、D型遺伝子の集団内の遺伝子頻度を求めると、０・24になります。

では、どのように遺伝子頻度は変化するのでしょうか。

②　自然選択説 ― ダーウィンの自然淘汰だけでは進化は起こらない ―

ダーウィンの自然選択説（自然淘汰説）は、進化を説明する理論として広く認められています。ただし、研究が進むにつれて、進化という現象は、自然淘汰だけでは説明できないことがわかり、今では、複数の進化論を組み合わせて進化のしくみが論じられています。

自然淘汰を説明するのによく取り上げられるキリンの首を例にして進化のしくみを説明しましょう。長い首をもつキリンと短い首をもつキリンが同じ環境に生存していました。このとき、首を長くする遺伝子と短くする遺伝子は対立遺伝子と考えます。

長い首をもつキリンは、高い樹木の葉を食べるのに有利であり、短い首をもつキリンは高い樹木の葉を食べるのに不利なので淘汰されます。そして、生存に有利な長い首をもつキリンが集団内で増えることになります。その結果、生物集団内には、キリンの首を長くする遺伝子が多く存在することになり、集団内の遺伝子頻度は変化します。

キリンの首の長さに関する遺伝子は、明らかに表現型として表れており、かつ、生存に有利か不利かがわかるので、環境による自然淘汰を受けやすいですが、遺伝子突然変異には、表現型として表れないものが多く、また、表れても生存に有利か不利かわからないものがあります。たとえば遺伝子頻度の解説のときに例示したＡＬＤＨ２遺伝子は、アルコールを飲む機会がなければ、表現型としてわからないですよね。ましてや、アルコールに強いか弱いかは、人間にとって生存に有利か不利かは一見して判断しにくいと思います（サラリーマンにとっては有利に働くケースがあるかもしれません）。そのような遺伝子も集団内に広まることがあり、その現象は、自然淘汰では説明できません。別の要素が関与することになります。

③　中立説と遺伝的浮動 ― 有利でも不利でもない遺伝子が集団内に偶然増える ―

遺伝子突然変異のほとんどは、自然淘汰に対して有利でも不利でもなく、中立なものです。多くの場合、生存に有利か不利かわからない中立的な遺伝子が次世代に伝えられ、自然淘汰を受けることなく偶然に遺伝子頻度が変化する場合があります。このような中立的な遺伝子が偶然に集団内に残り、遺伝子頻度が変化して進化が起こる説を**中立説**（中立進化説）と言います。この説は、日本の集団遺伝学者、木村資生によって１９６０年後半から１９７０年前半に提唱されました。中立説において、生物集団内の遺伝子頻度が、偶然に変化する現象は**遺伝的浮動**と呼ばれます。

中立的な遺伝子突然変異が遺伝的浮動によって集団内に広まる現象を例示して説明します。たとえば、キリンの生物集団に、低温環境に強い遺伝子をもつキリンと低温環境に弱い形質の遺伝子をもつキリンが存在したとします。この2つの遺伝子は対立遺伝子で、低温環境に強い遺伝子は、遺伝子突然変異によって生じたとしましょう。低温環境に強い遺伝子は、キリンが生活しているアフリカの熱帯地方では表現型としてはわかりにくいですよね。そのときの環境では、低温環境に強いという形質は、生存に有利でも不利でもないので、自然淘汰を受けません。ですので、この遺伝子が生物集団に広まるかどうかは偶然で決まります。もし、アフリカの熱帯地方の環境が急激に寒冷化することになれば、この遺伝子をもつキリンは生存に有利になり、自然淘汰が働いて生き残っていくと考えられます。

(3) 生物の進化のしくみ

生物が進化するしくみをまとめると、次のようになります。

①　生物集団内の生物に遺伝子突然変異が起こり、それが生物集団内に受け継がれる。

②　生物集団内の遺伝子構成が変化する。

③　遺伝子構成が変化した生物集団内に遺伝的浮動や自然淘汰が働いて遺伝子頻度が変化す

る。

このように、生物の進化は、集団内に遺伝子突然変異が起こり、それが蓄積し、遺伝的浮動や自然淘汰が働くことによって起こると考えられています。

3　進化し続ける企業 ―多様性を大事にし、多様性を活用する企業―

この項では、生物の進化のしくみから類推し、企業の進化のしくみ、進化し続ける企業の創り方を考察していきます。その前に、遺伝子頻度が変わらない生物集団、つまり進化しない生物集団とは、どのような特徴があるのか、どのような条件が備わっているのか、再度、生物集団に視点を移し、確認してみましょう。

(1)　進化が起こらない架空の生物集団 ―ハーディー・ワインベルクの法則―

集団遺伝学の法則の1つに、**ハーディー・ワインベルクの法則**と呼ばれる基礎的な法則があります。この法則は、ある複数の条件を満たした生物種の生物集団は、世代が変わっても遺伝子頻度は変化しない、つまり「進化しない」という法則です。

ハーディー・ワインベルクの法則が成立する条件とは、次のような条件になります。

①　集団内では、自由交雑（任意交配）が起こる。
②　集団内の個体数が十分に（無限大に近いくらい）多い（遺伝的浮動が起こらない）。
③　他の集団との間で個体の移出・移入が起こらない。
④　遺伝子突然変異が起こらない。
⑤　自然淘汰がない（中立説が成立する）。

上記の５つの条件を満たす生物集団は、遺伝子頻度が変わらない、つまり進化が起こらないと考えられます。自然界においては、これらの条件を満たすような生物集団は存在しません。したがって、生物は進化し続けるのです。

(2)　ハーディー・ワインベルクの法則に当てはまらない企業が進化し続ける企業

ハーディー・ワインベルクの法則を企業に当てはめ、進化しない企業の条件を類推してみましょう。

「①集団内では、自由交雑（任意交配）が起こる」は、言い換えると、性選択が起こらないということになります。性選択とは、繁殖行動の相手（異性）をめぐる競争を通じて起こる進化のことです。たとえば、クジャクの雄の色彩華やかな羽の目玉模様は、捕食者にとって目立つため、生存に不利な形質です。それにもかかわらず、この形質が雄の代表的な形質として残っているのは、雌がこの派手な模様を好み、異性を引き付けるのに有利だからと考えられています。

集団内で自由交雑が起こるということは、配偶者を引き付けるための形質の進化を起こす必要がないことを意味し、配偶者を獲得するための競争が起こらない状態が保たれることとなります。

このような状態を企業にたとえると、「①**企業内での社内競争が存在しない**」状態になると考えられます。

「②集団内の個体数が十分に（無限大に近いくらい）多い」という条件は、企業を構成する「②**社員数が数限りなく多い**」という状態に相当します。

「③他の集団との間で個体の移出・移入が起こらない」という条件は、「③**人材を含めた経営資源の外部との移出・移入がない**」という状態を指します。

「④遺伝子突然変異が起こらない」という条件は、「④**社員による多様な意見、多様なアイデアが生まれない**」状態と言えます。

「⑤自然淘汰がない（中立説が成立する）」という条件は、「⑤**外部環境からの脅威に鈍い**」という状態を指します。

以上のことから、進化をしない企業の条件をまとめると、次のようになります。

① 企業内での社内競争が存在しない
② 社員数が数限りなく多い

③　人材を含めた経営資源の外部との移出・移入がない
④　社員による多様な意見、多様なアイデアが生まれない
⑤　外部環境からの脅威に鈍い

(3)　企業が進化し続けるしくみ

前述した「企業の進化」の定義を再度見直しながら、企業が進化し続けるしくみを考えてみます。

本書では、「企業の進化」とは、「長い時間をかけて企業に蓄積し、内在している多様な資源の中から新たな価値やその源泉が生まれ、それが現在の環境や顧客に適応して新たな価値を提供している過程や状態」と捉えます。

この定義と、先ほどまとめた進化しない企業の条件を加えて考察すると、進化し続ける企業の特徴とは、次のようにまとめられます。

①　長い時間をかけて蓄積し、内在する多様な資源が存在する。
②　人材を含めた経営資源のインプットとアウトプットが盛んに行われている。
③　社内で多様な意見、多様なアイデアを創出している。
④　多様な人材による多様な意見、多様な資源から新たな価値の源泉を育んでいる。

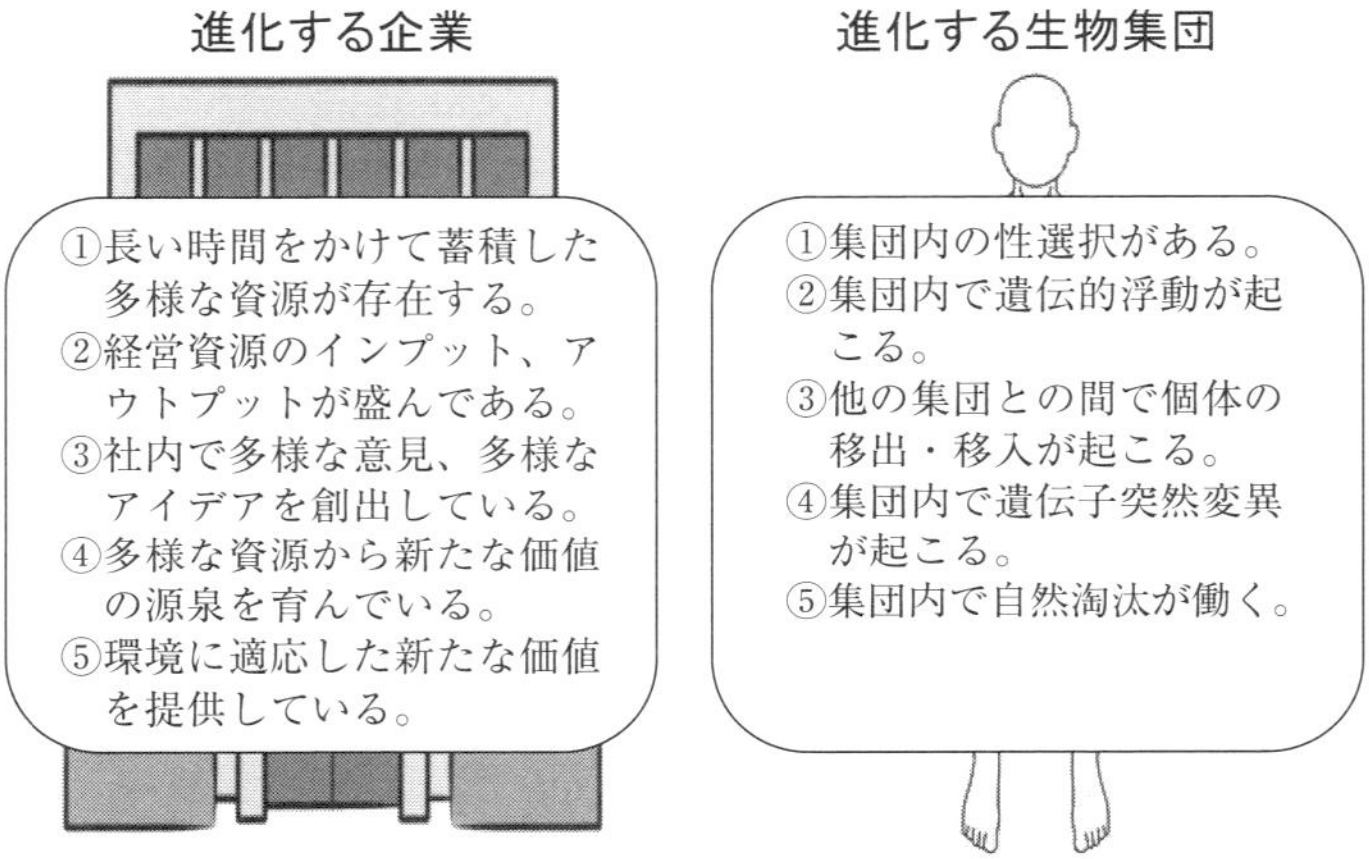
進化する企業
①長い時間をかけて蓄積した多様な資源が存在する。
②経営資源のインプット、アウトプットが盛んである。
③社内で多様な意見、多様なアイデアを創出している。
④多様な資源から新たな価値の源泉を育んでいる。
⑤環境に適応した新たな価値を提供している。
進化する生物集団
①集団内の性選択がある。
②集団内で遺伝的浮動が起こる。
③他の集団との間で個体の移出・移入が起こる。
④集団内で遺伝子突然変異が起こる。
⑤集団内で自然淘汰が働く。

図９　進化する生物集団と進化する企業

⑤　新たな価値の源泉から環境に適応した新たな価値を提供している。

上記のような特徴を備えている企業は、少ないですが、持続的に成長し続ける企業の中には、このような特徴がみられると思います。そのような企業の進化し続けている取り組み、しくみの事例を紹介しましょう。

(4)　キヤノンの事例 — 御手洗富士夫による企業改革 —

ここからは、キヤノンの１９９５年以降の企業改革の事例を紹介します。多くは『日本の優良企業の研究』（新原浩朗著）から引用しています。

キヤノンは、１９３７年設立のＯＡ機器の総合メーカーで、１９４９年に上場して以来、年間での赤字決算は一度もないと言われる超優良企業です。現在の代表取締役会長兼ＣＥＯは御手洗富士夫で、１９９５年に社長に就任し、二度、社長を退任したのち、現在のポジションに就任しています。

御手洗が社長に就任した当時、キヤノンには、次のような３つの経営課題があったと言われています。

①　１９９５年以前のキヤノンの課題

最初の課題は、「**売り上げ最優先の製品開発と投資判断の是正**」です。当時のキヤノンは、技術優先主義の行き過ぎで、技術開発で新しく生まれた製品があれば、収益性を熟慮せずに製品化し、儲からないものも売るようになっていました。そうなると、運転資金は利益から出ずに借金からまかなうことになり、財務体質が悪化します。イノベーションにかける投資判断の是正が課題として挙がっていたのです。

第２の課題は、「**財務体質の弱体化の是正**」です。当時のキヤノンは、大企業にもかかわらず、典型的なベンチャー企業のように、新たな技術による新製品を商品化するのに資金がなくなると、転換社債（株式に転換できる社債）を乱発して安易に資本市場から資金を調達していました。その結果、転換社債がどんどん株式に変わり、株数が増えて株価が上がらなくなりました。また、借入金への依存度が高く、事業が失敗したときに屋台骨が揺らぐ財務体質の脆弱性が見られました。このような体質を是正することが課題に挙げられていたのです。

第3の課題は、「**行き過ぎた事業部制の是正**」です。キヤノンは、事務機やカメラなどの事業ごとに独立した組織をつくり経営させる「事業部制」で発展してきました。ただし当時は、事業部制の行き過ぎがあり、各事業部がそれぞれの事業利益を最優先して行動するため、いわば「企業内企業」と化し、会社全体に求心力がなくなってしまいました。それぞれの事業部が自分最適を考えたため、重複による無駄が発生し、キヤノンによる全体最適が失われていたのです。その状態を是正することが課題として挙げられていました。

②　1995年以前のキヤノンの特徴

1995年以前のキヤノンの経営状況を考察すると、進化し続ける企業の特徴のうち、「①長い時間をかけて蓄積し、内在する多様な資源が存在する」と、「④多様な人材による多様な意見、多様な資源から新たな価値の源泉を育んでいる」という2つの特徴が備わっているように感じます。技術優先主義で、採算にこだわらず新技術による新製品を市場に出していた印象を受けるからです。

実際に、1977年から1989年まで賀来龍三郎が社長に就任した時代では、それまで4～5%だった売上高研究開発費率を10%に引き上げ、研究開発を強化しました。また、事業部制を導入し、技術者集団をボトムアップすることによって新製品開発を活性化させたため、キヤノンの事業は、複写機からプリンタ、ファクシミリ、コンピュータへと急拡大しました。その結果、キヤノンの米国での特許登録数はトップに立ちました。まさに進化し続ける企業が備える〝長い時間をかけて蓄積し、内在する多様な資源〟が存在し、〝多様な人材による多様な意見、多様な資源から新たな価値の源泉〟を育んでいるような状況と推察されます。

その一方で、事業部が肥大化し、各事業部が部分最適しか考えられなくなった弊害が生じました。具体的には、不採算事業部があって、その事業部では人材が余っているのに、好調な事業部では事業を拡大するのに外部から人材を新たに雇用するという、企業全体でみると余分な人員を雇用するような状態を生んでいました。また、収益を上げて金利の低い貯金をしている子会社がある一方で、大きな借金をしていて銀行に高金利を払っている子会社があるという資金調達の面でも無駄が生じていました。さらに、不採算事業を撤退できず、赤字の累積も起こる事態となっていました。

このような事業部制の弊害は、まるで、ハーディー・ワインベルクの法則が成立する生物集団を思い起こさせます。すなわち、「遺伝的浮動が起こらないくらい集団内の個体数が多い（事業部制の肥大化）」「他の集団との間で個体の移出・移入が起こらない（人材活用の非効率化、余剰人員の雇用）」「自然淘汰がない（不採算事業による赤字の累積）」といった、集団内の遺伝子頻度の変化が起こらない条件が備わっていると想起せずにはおれません。

遺伝子頻度の変化が起こらないという集団は、進化をしない集団です。生物種は進化をしなければ滅亡してしまいます。つまり、1995年以前のキヤノンの経営状況は、進化し続ける企業の特徴も一部備えつつ、進化しない企業の条件を強く備えている、企業としては極めて良からざる状況だったのです。

③　御手洗富士夫の意識改革

1995年9月にキヤノンの社長に就任した御手洗は、当時抱えていた3つの経営課題を受けて、「グローバル優良企業グループ構想」を掲げ、キヤノンを復活させるための自らのビジョンと10年計画を社員に示しました。

御手洗の構想のコンセプトは、非常に図体の大きいベンチャー企業のようなキヤノンを、ベンチャー精神をもった大企業に転換していく、ベンチャーからエンタープライズへの転換というものでした。そして、社員に次のような3つの意識改革を提示しました。

1つは、右肩上がりの時代の「売り上げ優先主義」から「利益優先主義」への転換を示す「利益マインドの確立」です。2つ目は、本社内の最適化から連結経営への転換を示す「連結志向の定着」です。3番目は、組織の縦割り行政の打破を目指す「組織の壁の打破」になります。

御手洗の10年計画とビジョンが奏功し、キヤノンは復活し、持続的に成長し続けています。

キヤノンの成功は、御手洗のリーダーシップによる**クローズド・オープン・イノベーション**と、資源の再配分にあるとも考えられています。

オープンイノベーションはビジネス書や経営マネジメントの分野で耳慣れた言葉ですが、クローズド・オープン・イノベーションは、なじみのない言葉だと思いますので、少し注釈を入れますと、企業の競争優位性の源であり、競合他社との差別化領域はクローズド化し、それ以外の領域は可能な限りオープン化して新製品開発を行う手法です。御手洗は、「独自にこだわりすぎると遅れる」として、オープンイノベーションを志向しているように見えて、競争優位性の源泉となる独自技術はクローズし、新製品開発を主導しています。

また、御手洗は、事業部制の弊害である、「人材活用の非効率化、余剰人員の雇用」と「不採算事業の赤字累積」を解決するため、技術資源（技術者の人的資源）の再配置、リソースの再配分を大胆に断行しています。例を挙げれば、

①　パソコン事業撤退後、技術者は半導体の回路設計にまわり、コントローラーを開発
②　ＦＬＣディスプレー撤退後、技術者はＳＥＤと半導体に異動
③　シンクロリーダーと電卓の技術者は事務機の開発に協力

などがあります。

御手洗の意識改革後のキヤノンは、進化し続ける企業の５つの特徴、
①　長い時間をかけて蓄積し、内在する多様な資源の存在
②　人材を含めた経営資源のインプットとアウトプットの活性化

③　社内での多様な意見、多様なアイデアの創出
④　多様な人材による多様な意見、多様な資源から新たな価値の源泉の醸成
⑤　新たな価値の源泉から環境に適応した新たな価値の提供

が備わっていると推測できます。

4　第7章のまとめ —多様性を大事にして多様性を活用する方法—

持続的に成長する企業に備わる多様性を大事にし、多様性を活用する方法には、次のようなしくみがみられます。

①　長い時間をかけて資源を蓄積し、それを管理するしくみ
②　人材を含めた経営資源のインプットとアウトプットが盛んに行われる組織創り
③　社内で多様な意見、多様なアイデアを創出する雰囲気やしくみ創り
④　多様な人材による多様な意見、多様な資源から新たな価値の源泉を育むしくみ
⑤　新たな価値の源泉から環境に適応した新たな価値を提供するしくみ

これらを踏まえ、多様性を大事にして多様性を活用する方法を記します。

(1) 自社を持続的に成長する企業にしたい経営者へ

① 多様な資源を蓄積し、管理するしくみ創り

進化し続ける企業とは、長い時間をかけて自社独自のさまざまな経営資源を蓄積し、多様な資源の中から新たな価値やその源泉を創出する取り組みを怠りません。そのような独自の多様な資源を蓄積し、管理するしくみを経営者はつくっておいてください。多様な資源とは、今現在の価値観で企業に貢献できるものかそうでないものかにかかわらず、包括的に蓄積し、管理してください。いつの日か淘汰圧がかかり、蓄積・管理した資源からイノベーションの卵が現れるかもしれませんし、遺伝的浮動が働いて、資源の偏りが起こり、企業の次世代に進むべき進路が見えてくるかもしれません。

② クローズド・オープン・イノベーションのしくみ創りと心理的安全性の醸成

進化し続ける企業は、外部からも積極的に資源や技術を導入しつつ、独自の資源と組み合わせてイノベーション（クローズド・オープン・イノベーション）を起こそうとしています。社内からの新たな大胆なアイデア、意見の提案も歓迎して受け止める企業風土が備わっています。経営者は、自社の中核となる資源と技術を守りつつ、外部からの資源や技術を導入して組み合わせるクローズド・オープン・イノベーションのしくみを社内に設けてください。また、多様な社員の多様な意見やアイデアを提案できる雰囲気創り、ポジティビティや心理的安全性の高い文化を醸

成するよう配慮してください。

③　資源の源泉から環境に適応した新たな価値を提供するしくみ創り

進化し続ける企業は、企業を取り巻く環境が大きく変化しなくても、顧客に新たな価値を提供し続け成長しますし、外部環境が劇的に変動し、企業の存続が脅かされても、内在する資源の中からその環境に適応したものを見いだし、それらを活用し、新たな価値を提供し続けることが可能です。

経営者は、長い間に蓄積した多様な資源の源泉から、環境に提供するものを抽出し、新たな価値を提供できるしくみを創ってください。

(2)　これから持続的に成長する企業創りを目指す起業家へ

起業家は、起業前に既に持っていた資源や技術に加え、起業後は、徐々に企業や自身の資源が増加していることに気づくことと思います。それらは起業当初は全く役にたたないと思われがちなものもありますが、それらを含め、とにかく資源の蓄積・増大に務め、可能な限り管理するようにしてください。

進化し続ける企業は、まさに持続的に成長する企業です。「進化し続ける」とは、「急激な増収増益を継続する」という意味よりも、「多様な資源を蓄積する」という意味に捉えてください。そして、経営者は、進化し続けることに恐れないようにして、進化をためらわず止めないようにしてください。今一度、世阿弥の言葉、

「住する所なきを、まず花と知るべし」を思い起こしてください。

おわりに ―動的平衡と企業の特徴―

「年々去来の花を忘るべからず」（世阿弥）

「我々は、全てのものを包括する統一的な知識を求めようとする熱望を、先祖代々受け継いできたのです。」（エルヴィン・シュレーディンガー）

これまで本書は、40億年もの年月を経てつくられた生命のシステムから企業に備わるしくみを類推し、持続的に成長する企業の創り方、在り方を記してきました。

持続的に成長する企業には、ゲノムＤＮＡのような素晴らしい経営理念があり、核のような卓越したリーダーが存在し、生き生きとした細胞のような社員が仕事に励み、常にエネルギーを生み出す葉緑体やエネルギーを放出するミトコンドリアのようなイノベーターやマーケッターが活躍し、免疫の恒常性のように組織レジリエンスの強い安心安全な職場が創られ、そして、進化のしくみのような、多様な資源を蓄積・管理し、それらの資源から環境に適応して新たな価値を創出するしくみが存在します。

それらは、経営理念やリーダーによる**規律性**、社員の**自律性**、組織の認知的**柔軟性**、資源の**多様性**が存在していると言い換えることもできます。

分子生物学者の福岡伸一氏は、生物の特徴として、動的平衡の存在を指摘しています。動的平衡とは、「一見定常状態に見えても、内部は頻繁に入れ替わっている状態」と捉えてください。生物の動的平衡とは、「一見、何も入れ替わっていないように見える生命体でも、構成する物質や細胞は常に入れ替わっている状態」のことです。たとえば、私たちの体は、数十兆個の細胞で構成されていますが、一年経つと細胞はすべて新しい細胞に入れ替わっています。細胞レベルでいえば、1年前の人と現在の人は別人ですが、何も変わらず同じ人物として生きているのです。

生命体にみられる動的平衡は、持続的に成長する企業にもみられる特徴と捉えることができます。持続的に成長する企業は、仮に経営リーダーが交代しても、優秀な社員が退職し、新入社員が入社して入れ替わりがあっても、元と変わらぬほぼ高い生産性を維持しているからです。このようなことからも、企業は生きており、生物そのもののように思えます。

生物と企業との決定的な違いは、生物には寿命があり、企業には寿命がないことです。どのような生物にも死は訪れます。切っても切っても再生するプラナリアやマイナス150℃の環境下でも生息するクマムシでさえも、寿命はあり死を迎えます。生命は40億年の歴史の過程で進化してさまざまな種に受け継がれていきますが、生命現象のシステムは後世に残されるものの個体としてはやがて死んでしまうのです。ところが、企業には寿命がありません。持続的に成長する企業が備わる特徴を継続して維持されれば、天変地異や不測の事態によって存続できないことはあるものの、老齢して寿命を全うするというような自然死は起こりえないと思います。ですから、本書をお読みいただいた経営者や起業家の皆様は、持続的に成長する企業が備わるしくみをきちんと創れば、企業はつぶれることはないと強く確信し、経営活動に邁進していただきたいと願います。

生命体のシステムから学ぶ持続的に成長する企業を創る方法や戦略の解説は、紙幅に限りがあるため、この辺りで筆をおきたいと思います。実践的な方法については、いずれ改めて執筆し、本にまとめたいと思います。

謝　辞

本書を上梓するに当たって、数多くの方々にお世話になりました。今回のような今までにないアプローチで企業論、企業創りの書籍の出版企画を決断し、世に出すことを快く承諾していただいた大学教育出版の佐藤守社長にまずは深く感謝いたします。

今回の書籍は、生物に関する内容が多く含まれております。生物とりわけ植物の研究の魅力をご指導いただいた大学時代の恩師、長谷川宏司先生、私が前職の生物教科書編集者時代、生物の教科書づくり、本づくりの面白さをご教授いただいた故田中昭男先生、渡辺増富先生、宮本博三先生、飯山浩二先生、発生生物学の奥深さをご教導いただいた吉里勝利先生に心より感謝申し上げます。先生方のご指導がなければ、生命現象を基に企業創りを論じる発想と勇気は湧いてきませんでした。

私が名古屋商科大学ビジネススクールに在籍してから現在に至るまで、毎年開催するアントレプレナーシップ勉強会の講師をお引き受けいただき、企業とリーダーの在り方について、常に深い示唆をいただく東京大学の各務茂夫先生、そしてビジネススクール時代から得難い友情を交わしていただいている学友の皆様にも深く感謝いたします。毎年継続する楽しい学びがなければ、このような企業創りに関する実践書は書けませんでした。本に関する温かくも厳しいご指摘は、いつの日か甘んじてお受けします。

私の書いた本は難しくて読めないと苦言を呈しながらも、発行されるや直ちに購入し、いつも愛読して応援してくれる母にも感謝の言葉を贈ります。

そして、最後に、私のわがままで気まぐれな行動、特に執筆活動に理解を示してくれ、多様な形で私に適度なプレッシャーと励ましを与えてくれる妻に心より感謝申し上げます。

参考文献

『風姿花伝』（世阿弥著、岩波書店）
『生命とは何か――物理的にみた生細胞』（エルヴィン・シュレーディンガー著、岩波書店）
『井深大　人間の幸福を求めた創造と挑戦』（一條和生著、ＰＨＰ研究所）
『遺伝子――親密なる人類史――』（シッダールタ・ムカジー著、早川書房）
『細胞の分子生物学　第6版』
（ALBERTS/JOHNSON/LEWIS/MORGAN/RAFF/ROBERTS/WALTER著、ニュートンプレス）
『がん――４０００年の歴史』（シッダールタ・ムカジー著、早川書房）
『利己的な遺伝子』（リチャード・ドーキンス著、紀伊國屋書店）
『企業とは何か』（ピーター・ドラッカー著、ダイヤモンド社）
『感じる脳』（アントニオ・Ｒ・ダマシオ著、ダイヤモンド社）
『真説・企業論』（中野剛志著、講談社）
『イノベーションの理由――資源動員の創造的正当化』（武石彰、青島矢一、軽部大著、有斐閣）
『知識創造企業』（野中郁次郎、竹内弘高著、東洋経済新報社）
『日本企業のマーケティング力』（山下裕子、福冨言、福地宏之、上原渉、佐々木将人著、有斐閣）
『世界最高のチーム　グーグル流「最少の人数」で「最大の成果」を生み出す方法』（ピョートル・フェリクス・グジ

バチ著、朝日新聞出版)
『日本の優良企業の研究』(新原浩朗著、日本経済新聞社)

■著者紹介

松岡　孝敬　（まつおか　たかのり）

株式会社ポジティビティ代表取締役
一般社団法人エグゼクティブプレゼンス代表理事
鹿児島大学理学部生物学科卒業
神戸大学大学院理学研究科生物学専攻
名古屋商科大学大学院（NUCB）にて経営学修士（MBA）を取得
レジリエンス・トレーナー、強みを開発するビジネスコーチ・コンサルタント、実践書作家、認定シニア MBA コーチ。
今日もどこかで人と組織のレジリエンスを強化し、強みを開発し、幸福度を高める原稿を書き続けている。

生命体的企業とは何か
― 生命のシステムに学ぶ成長し続ける企業の創り方 ―

2019 年 10 月 30 日　初版第 1 刷発行

■著　　者――松岡孝敬
■発 行 者――佐藤　守
■発 行 所――株式会社 大学教育出版
〒 700-0953　岡山市南区西市 855-4
電話（086）244-1268　FAX（086）246-0294
■印刷製本――モリモト印刷 ㈱

ISBN978 − 4 − 86692 − 051 − 1